3 Eier
99 132

GISELA KRAHL

SCHLAMPENKÜCHE

für verspielte Mütter

1. Auflage Juli 2000
Deutsche Erstausgabe im Rowohlt Verlag GmbH,
Reinbek bei Hamburg

Fotos von Julia Hoersch/Gestaltung Angelika Weinert
Fotos auf den Seiten 49, 51, 91, 92, 113, 159 von Gisela Krahl
Umschlaggestaltung Büro Hamburg/Régine Thienhaus
(Foto: Julia Hoersch)
Lithographie Grafische Werkstatt Christian Kreher, Hoisdorf
Satz Goudy Sans PostScript, QuarkXPress 4.0
bei UNDER/COVER, Hamburg
Druck und Bindung Clausen & Bosse, Leck
Printed in Germany
ISBN 3 8052 0672 0

Die Schreibweise entspricht den Regeln
der neuen Rechtschreibung.

GISELA KRAHL

SCHLAMPEN KÜCHE

für verspielte Mütter

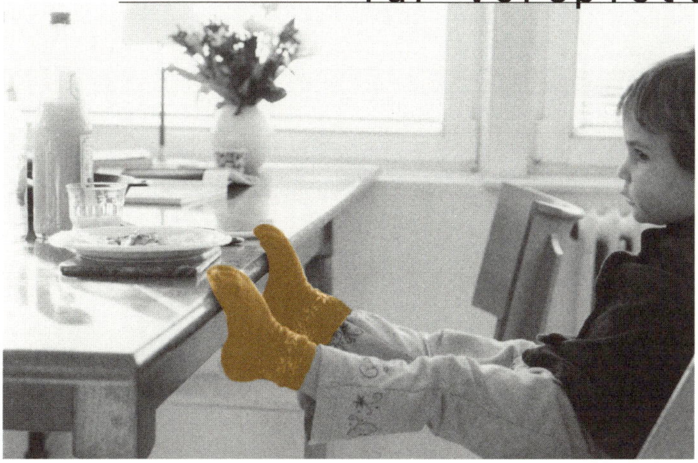

WUNDERLICH

INHALT

Fürs Baby natürlich natürlich 10

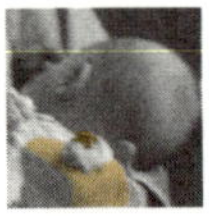

Versuchsküche: Eins nach dem anderen 18

INHALT

INHaLT

INHaLT

Hier kocht das Kind 132

Rezepte für lebenslange Heimweh-Gerichte 142

Anhang

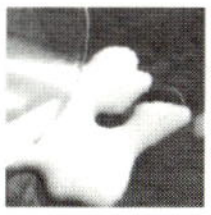

MIT ESSEN SPIELEN

Kochen und Backen gehören zu den kreativsten sozialen Tätigkeiten überhaupt, und eine gemeinsame Mahlzeit kann höchste Zufriedenheit und beglückende Kommunikation stiften. Vielleicht bringt aber erst ein Kind eine Frau dazu, ihre Küche als schöpferischen Ort zu erleben? Bei Tisch darf ruhig gejubelt werden, findet die smart-schlampige Hausfrau. Und bricht beherzt ein uraltes Tabu: Mit Essen spielt man nicht!
O doch. Zugunsten von Geselligkeit und guter Laune und weil sich leichter freche Schnuten und laute Rabauken kaum zähmen lassen. (Das älteste aller Essensspiele, das beliebte Katapultschießen, bleibt allerdings wegen Unappetitlichkeit verboten.) Natürlich schont eine verspielte Mutter ihre Nerven. Sie meidet Koch- und Erziehungsstress wie der Knabe das Waschwasser.
Selbst wenn das Kochen nicht zu Ihren ganz großen Talenten zählt, kann es Ihnen mit Lust und guter Laune gelingen, Ihr Kind bis zu dem Alter, in dem es Sie verlässt, vernünftig und gesund zu ernähren und aus ihm einen Menschen mit kultiviertem Geschmack zu machen.
Hier erfahren Sie, wie Sie den Geschmack kleiner Menschen sensibilisieren können – mit kreativen Abweichungen von der Speise-Norm, mit ungewöhnlichen Kombinationen und einer Wahrheit, die weit über die Grenzen der Küche hinaus Gültigkeit besitzt: Weniger ist oft mehr.
Unsere Jungschmecker sollen die Eigenarten von Essbarem schätzen lernen und nicht nur die Produkte der Food-Industrie, die uns von Kindesbeinen an mit Geschmacksverstärkern foppt und von Standards abhängig macht.
Füttern Sie also die kulinarische Entdeckerfreude von Kindern und Jugendlichen – das wird ihr Leben bereichern, wenn sie sich später durch die Welt bewegen.
Hier finden Sie Gerichte, die einfach und schnell nachzukochen sind, aber auch lustige Rezepte, die den manchmal anstrengenden Alltag beleben.
Pädagogisch ist das alles vielleicht nicht immer korrekt, dafür aber liebevoll.

Fürs Baby natürlich natürlich

Die Schlampe stillt ihr Kind ganz selbstverständlich, schon aus Eigennutz, weil es so praktisch und bequem ist. Man braucht weder Geräte noch Sterilisationsgedöns. Die Nahrung ist immer ideal gewärmt, ernährungsphysiologisch ausgewogen, wird freundlich grunzend verputzt, macht das Kind zufrieden und schläfrig und die Mutter auch.

Eine Mutter mit Ohren braucht niemanden zu fragen, in welchem Rhythmus gestillt werden sollte. Ihr Kind brüllt es ihr zu und wenn sie darauf hört, geht es ihr gut, auch wenn sie alle zwei Stunden die Bluse öffnen muss.

Manchmal ist das wirklich zum Verzweifeln, besonders wenn das Kind gar keinen Hunger hat. Wer weiß das schon? Wenn es doch bloß sagen würde, was es will!

Bleiben Sie cool. Die meisten Babys und Kleinkinder sind schwer berechenbar und stellen anstrengende Ansprüche an Wartung und Pflege – anstrengendere jedenfalls als Autos, die verlässlich soundso viele Liter Treibstoff auf hundert Kilometer schlucken. Das gibt sich aber sehr bald, wenn Sie Ihr Kind und seine Wünsche besser verstehen und das Kind lernt, sich deutlicher und verständlicher zu äußern. Mit wachsender Kommunikationsfähigkeit, und je besser die Familienmitglieder einander kennen lernen, verschwinden die tief greifenden Verunsicherungen.

Versuchen Sie, diese Zeit zu genießen, und hören Sie vor allem nicht auf Besserwisser. Wie es Ihrem Kind geht, erkennen Sie oft besser als die meisten Ärzte, da Sie es ständig nackt sehen, anfassen, streicheln, drehen und wenden und dabei beobachten, wie es reagiert.

Lassen Sie es sich selbst gut gehen. Viel frisches Obst und Gemüse, Milch und Getreide, auch ein paar Mineralstoffe und Vitamine zusätzlich können Sie gut gebrauchen. Fett weniger, Flüssigkeit aber viel. Trinken Sie zwei bis drei Tassen Kaffee und Tee, nicht mehr, auch ein Glas Wein oder Sekt kann nicht schaden, Schnäpse und Zigaretten sind nicht so gut für die Beschaffenheit Ihrer Milch, aber das wissen Sie ja, und ob Ihr Baby pupst und sich dabei quält, wenn Sie Knoblauch oder Zwiebeln oder Krautsalat essen, werden Sie ja sehen. Eine Regel ist das nicht.

Falls Sie nicht stillen können oder wollen, nehmen Sie Säuglingsmilch mit der Bezeichnung «pre». Die enthält nur Lactose, also Milchzucker, als Kohlenhydrat. In anderen «Säuglings-Anfangs-Nahrungen Eins und Zwei» und fachmännisch nach Marketing-Gesichtspunkten konzipierten «Folgenahrungen» befindet sich Glukosesirup, Saccharose, also Haushaltszucker, gelatinierte Stärke und sonst was.

Das ist alles sehr kalorienreich, zu süß und wird vielleicht nicht einmal vertragen. Ihr Baby braucht das nicht. Nur Mutterbusen oder «pre». Lesen Sie die Packungsbeilage und befragen Sie Ihr Gewissen, nicht den Apotheker.

Meistens können Sie die Quaak-Tasche problemlos mit sich herumschleppen. Das Baby schläft in der Säuglingszeit, wo immer man es abstellt, das Zuhause ist da, wo die Eltern sind.

Gestillt wird, solange Mutter und Kind es mögen. Manche hören langsam auf, wenn das Kind Zähne zeigt, manche stillen auch danach noch am Morgen gemütlich im Bett.

Im fünften Monat spätestens fangen die meisten Mütter an, dem Kind außer der Milch eine Beikost anzubieten. Das ist auch früh genug, denn vorher kann das Kind außer Milch noch gar nichts verdauen.

Zum Glück ist Ihr Baby zu diesem Zeitpunkt noch nicht anspruchsvoll. Es kennt nur ein paar Varianten einer einzigen Geschmacksrichtung, sanft-süß, und die ist ihm die liebste.

Nur das BesTe für das SchönsTe

Manche Mütter glauben, Muttermilch und eigene Kochkunst reichten nicht aus, um ein Baby gesund zu ernähren.

Sie trauen es sich nicht zu, ihr Kind richtig zu bekochen, und kaufen darum vorsichtshalber lieber die kleinen, praktischen Babygläschen. Als könnte der Standardbrei, der in der Fabrikhalle eingeglast, eingeflascht und eingedost wird, qualitativ eine frische Mahlzeit aus dem Topf einer netten Mama übertreffen.

Im Gläschen ist alles drin, sagt die Werbung, und inzwischen sagen es auch die Kinderärzte, denn sie wissen, was unerfahrene und ängstliche Mütter hören wollen.

Bequem sind die Gläschen schon von Zeit zu Zeit, gerade wenn man unterwegs ist, aber es ist mehr drin, als das Baby braucht. Da sich bei der Herstellung viele Vitamine davongemacht haben, werden dann künstliche Vitamine zugesetzt, und dies immer in exakt der gleichen Menge. Darauf kann man sich verlassen. Welche gewissenhafte Mama kann das von ihrem selbst gestümperten Breichen schon behaupten?

Außerdem enthalten die Fertigbreis oft zu viel Zucker, Salz und Wasser. Probieren Sie selbst und vergleichen Sie einmal einen Möhrenbrei aus dem Glas mit einer weich gekochten, pürierten Möhre, an die Sie noch ein Fitzelchen Butter geben oder ein paar Tropfen Sonnenblumenöl und vielleicht ein Löffelchen frischen Orangensaft. Der Brei im Glas schmeckt ziemlich fies dagegen, irgendwie denaturiert und verwürzt, und ein Brei riecht und schmeckt garantiert wie der andere.
Wenn nun Ihr Kind einen Brei aus dem Glas mag, können Sie sich auf problemlose Fütterungen einstellen. Wie praktisch! Von Geschmacksvielfalt kann dann allerdings nicht mehr die Rede sein, von unterschiedlicher Konsistenz und Aroma ganz zu schweigen. Ihr Kind wird, wenn es erst genügend Gläser ausgelöffelt hat, möglicherweise einen frischen, neuen Geschmack, eine eher klumpige oder auch mal festere Konsistenz aus Mamas Kochtopf verschmähen.
Zu viel Dosenfutter macht süchtig und abhängig von einer bestimmten Marke – es verdirbt den Geschmack. Das gilt für Kinder und Erwachsene ebenso wie für Hunde und Katzen.

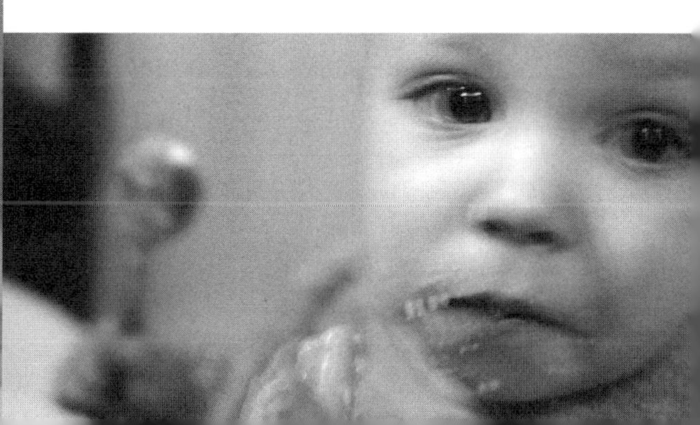

Babyausstattung einer verspielten Mutter

Zur Babyausstattung einer liebevollen Schlampenfamilie, in der selbst gekocht wird, und zwar im Hui und ohne große Fisimatenten, gehören: ein **Schneidstab**, eine kleine **Küchenmaschine mit Stahlmesser und Mixer**, eine **Saftzentrifuge**. Mit diesen praktischen Geräten können Sie jederzeit, auch später, für das Kleinkind oder das Schulkind Igittigitt-Gemüse versaften, versuppen und sonst wie delikatessbar machen. Lassen Sie Ihre Kinder – unter Aufsicht und mit richtigen Erklärungen, aber doch beherzt – auch schon in jungen Jahren Küchenmaschinen bedienen. Zum Beispiel dürfen sie mit drei Jahren den Pürierstab halten und anstellen; Sie halten das Gefäß und passen auf. Und wenn ein Braten mariniert werden soll, drücken Sie den Kindern doch mal eine Einweg-

spritze in die Hand. Dann können sie die Marinade in das Fleisch injizieren und zugleich Intensivstation spielen und ihre Ängste vor Ärzten bannen.
Für Kinder ab zwei bis ins würdige Alter von mindestens achtzehn sind **Lebensmittelfarben** der Hit. Sämtliche Farben benötigen Sie dringend, um Zuckerguss für Hexenhäuser und Geburtstagstorten zu färben. Und vielleicht auch Nudeln. Zur edlen Nudel gehört freilich auch die **handbetriebene Nudelmaschine** – eine Anschaffung, die der ganzen Familie und ihren Gästen zugute kommt.
Wichtig sind **Topflappen**. Für Kinder eignen sich am besten aus alten Wollsocken (auf keinen Fall Plastik) gebastelte Fäustlinge, vielleicht auch Kasperpuppen. Benutzen Sie **Ausstechformen** nicht nur für Weihnachtsplätzchen, sondern auch für Nudelteig. Auch ein **Backrädchen** regt zu Schöpfungen an.
Schürzen können Sie allerdings vergessen. Mädchen, die eine geschenkt bekommen, werden sie vielleicht tragen, Jungen eher nicht. Besser geschützt sind beide in **alten Oberhemden und Blusen** – die können Sie über das ganze Kind stülpen und die Ärmel aufkrempeln. Dieser Schutzanzug ist auch für Klebearbeiten, Malereien und andere Handwerkereien das Gewand der Wahl. Kaufen Sie auch einen chinesischen **Porzellanlöffel**. Der wird nicht so heiß wie einer aus Metall, und beim Probieren und Abschmecken verbrennt man sich daran nicht so leicht. Ein **Dämpfeinsatz**, damit kleine Gemüsemengen nicht anbrennen.
Ein gutes Spielzeug ist auch ein **Eierschneider**, für kleine Kinder ein handbetriebener **Rührfix**, ein **Melonenausstecher** und ein **Kirschen- und Pflaumenentsteiner** sowie ein **Apfelschneider**.
Für kleine Kinder, die gern in der Küche werkeln und ein Interesse am Kochen zeigen, sollten Sie eine einzelne **Elektro-Herdplatte** anschaffen. Die kann auf einem Hocker stehen und ist so viel weniger gefährlich als der große Herd, bei dem das Kind auf einem Stuhl kippelt, wenn es in die Töpfe schauen und rühren will.

Versuchsküche: EINS nach dem anderen

Ihr Baby wird noch gestillt, aber vom vierten oder fünften Monat an bekommt es morgens vielleicht schon ein Löffelchen Reisschleim, in Milch gekocht, im Fläschchen. Probieren Sie es. Ab dem fünftem Monat gibt es mittags sozusagen einen Zwischengang, das heißt, das Essen beginnt mit gewohnt schmackhafter Milch, dann kommt ein fremder, aber interessanter neuer Geschmack auf dem Löffelchen daher, ein-zwei-drei reichen, und dann geht es wieder weiter mit der guten Milch zum Dessert.

SÜSSER BREI

Karotten sind süß und schmecken wohl fast jedem Baby ab dem fünften Monat oder auch etwas eher. Wenn es nicht will, versuchen Sie es ein paar Tage später wieder mit einem Teelöffel voll. Eine Karotte waschen, schälen oder schrappen, zerstückeln und knapp mit Wasser bedecken. Die Karotten müssen weich kochen. Kein Salz, kein Zucker. Pürieren Sie alles im Kochwasser und geben Sie einen Teelöffel Orangensaft und eine Messerspitze Butter daran wegen der fettlöslichen Vitamine. Solche kleinen Mengen brennen bei Schlampenmüttern regelmäßig an, deswegen wird ein Dämpfeinsatz dringend empfohlen.

Sobald das Baby zwei bis drei Karotten (100 Gramm) zum Mittagessen verspeist, sollten Sie wieder einen neuen Geschmack einführen – immer ohne Salz und Zucker, gedämpft oder gekocht, fein püriert und mit einem Stich Butter. Wenn Ihr Kind den Geschmack mag und ungefähr 100 Gramm verspeist, kommt die nächste Abwechslung. Babys mögen Kartoffelbrei, auch Süßkartoffeln; Kürbis, Zucchini, Kohlrabi, Blumenkohl sind beliebt. Topinambur oder Pastinaken sollten Sie irgendwann ausprobieren. Einzeln oder mit Kartoffeln gemischt. Auch Fenchel hat bei Babys gute Chancen, aber wenn Sie eine Scheibe von einer Fenchelknolle kochen und pürieren, streichen Sie das Mus lieber noch durch ein Sieb, wegen der langen Fasern. Jedenfalls bei den allerersten Mahlzeiten. Sie können auch einen Getreidebrei mit der Milch aus eigener Produktion kochen oder etwas von Ihrer Milch unter das Gemüse mischen. Schmeckt fein.

ZUM FIVE O'CLOCK TEA

Am Nachmittag gibt es zunächst als Zwischenmahlzeit ein wenig gedünsteten Apfel, fein zermatscht und ungesüßt. Auch eine weiche, reife Birne kommt gut an und natürlich eine fast schaumig pürierte Banane. Ebenso Pfirsiche und Aprikosen, ungesüßt, geschält und gedünstet. Mischen Sie noch etwas Orangensaft darunter. Wenn das alles mit Appetit verspeist wird, gibt es einen Obstbrei mit Getreide. Mama trinkt vielleicht gern einen russischen Karawanentee mit ein paar gesüßten Schattenmorellen, die sie fürsorglich für sich in Vanille und Rum eingelegt hat.

OBSTBREI MIT GETREIDE

1 Esslöffel Weizen oder Hafer oder Grieß, pasteurisierte Vollmilch, Orangensaft

Das sehr fein gemahlene Getreide wird mit etwas pasteurisierter Vollmilch aufgekocht und dabei mit dem Schneebesen verwirbelt. Ein, zwei Minuten soll der Brei köcheln, dann kommt der Saft einer halben Orange dazu, und das Breichen kann verputzt werden. Statt Saft kann man auch Apfelmus, Bananen-, Aprikosen- oder Pfirsichmus darunter rühren. Ein in Saft oder warmem Wasser aufgeweichter Zwieback schmeckt auch sehr gut; und von nun an kommt mal etwas Frischkäse oder ein bisschen milder Joghurt in den Obstbrei.

ABENDESSEN UND SCHLUMMERTRUNK

Abends beginnen Sie mit ein wenig Getreidebrei aus zarten Schmelz-Haferflocken oder anderen Getreideflocken, mit dem Sie dem Baby vor dem Einschlafen den kleinen Wanst füllen. Das beschert Ihnen allmählich ruhigere Nächte. Aber werden Sie nicht nervös, wenn Ihr Baby nur einen Löffel mag und dann wieder auf Ihren Busen spitzt.

FÜR KLEINE KRAFTPAKETE: GETREIDE-BREICHEN MIT GEMÜSE

Vom sechsten Monat an wird die Babypampe etwas dicker. Kochen Sie eine halbe geschälte, zerstückelte Kartoffel zusammen mit einer geschrappten und zerschnittenen Karotte oder einem anderen Gemüse in etwas Wasser und geben Sie gleich einen oder zwei Teelöffel Haferflocken mit in den Topf.

Ab jetzt genügt es auch, wenn Sie das Gemüse nur noch mit einer Gabel gut zerdrücken. Wenn das nicht geschätzt wird, ist der Brei vielleicht nur zu trocken und kann etwas mehr Flüssigkeit vertragen. Wenn auch das nichts nützt, schnell weg mit dem Teller. Keine Panik: Tun Sie so, als sei gar nichts geschehen, und servieren Sie dasselbe ein paar Tage später wieder.

Rühren Sie jetzt jede Woche einmal ein gut durchgekochtes Eigelb unter den Gemüsebrei und probieren Sie es auch mal mit ein bisschen Rohkost, sehr fein gerieben.

Wenn Sie von Ihrem Steak – oder, besser, vom leichter verträglichen Hühnerbein – ein Stückchen hergeben und es püriert mit dem Gemüse garen lassen, deckt auch das den Eisenbedarf Ihres Kindes.

ROHKOST

1 Karotte, fein gerieben, 1/2 Apfel, gerieben, etwas Sahne und ein paar Spritzer Zitrone oder 1 Esslöffel Keimöl

Diesen Brei – oder einen ähnlichen mit Gemüsesellerie oder Roter Bete, mit Süßkartoffeln oder geriebener Steckrübe – wird Ihr Baby bis zum zehnten Monat weiteressen, vielleicht auch länger, wenn er schön saftig ist und nicht so freudlos gesund.

GEMÜSEBREI-DELIKATESSEN

So können Sie die Breie abwechslungsreich kombinieren:
Pastinaken mit Apfel – Blumenkohl mit Karotten – Kartoffeln mit Spinat und Apfel – Süßkartoffeln mit Apfel – Zucchini mit Banane.
Mehlig kochende Kartoffeln (fest kochende Kartoffeln werden beim Pürieren klebrig wie Kuchenteig) passen zu allen Gemüsen und machen besonders die stark schmeckenden Gemüse wie Sellerie, Pastinaken und Blumenkohl für zarte Gaumen akzeptabel.

OBST-SPEZIALITÄTEN

Banane mit Orangensaft – Avocado mit Birne – Aprikose mit Birne – Melone mit Aprikose – Kiwi mit Banane – Mango mit Orangensaft.
Und wenn ein Schlingel gern noch gestillt wird, kann er die Aufwachmahlzeit sowie den Schlummertrunk noch ganz intim verabreicht bekommen – solange es Mutter und Kind mögen. Nur keinen Stress! Die kleinen Sensibelchen merken sofort, wenn Unruhe oder Unlust in der Luft liegt, und reagieren sehr unwirsch.

ResteESSEN für MamaPapa

Wer hat schon Lust, jeden Tag ein halbes Möhrchen zu kochen oder ein Viertel von einem Kohlrabi? Das Baby isst einen Haps, dann kräuselt es die Nase, Mutter mampft der Ordnung halber den Teller leer und der Rest vom Gemüse verschrumpelt im Kühlschrank. Schluss damit!

Kleine Portionen für einen Spatzenhunger zu kaufen ist nicht sehr sinnvoll. Kaufen Sie also das Gemüse für Ihr Kind in vernünftigen Mengen ein und verputzen Sie den Rest selbst. Das ist dann zugleich der Anfang einer neuen familiären Esskultur, die Sie möglicherweise erst erlernen müssen, die aber ganz wichtig ist für die kulinarische Entwicklung Ihres Kindes.

Essen Sie selbst, was das Kind isst, und lassen Sie Ihr Kind essen, was Sie selbst mögen. Jede Sonderbehandlung und Ausgrenzung aus dem Alltag wird von den kleinen Schlaumeiern registriert und auf eigene Art ausgewertet.

Sorgen Sie für ordentliche Fluktuation im Kühlschrank und essen Sie mit Ihrem Kind zusammen, wann immer es möglich ist. Brei kann man auch in kleinen Portionen einfrieren, und aus kurz gekochtem Gemüse kann man später Suppen zaubern.

Hier folgen einige Beispiele dafür, wie Sie mit dem fürs Baby eingekauften Gemüse mit leichter Hand gleich auch die Erwachsenen des Hauses beglücken können.

GESCHMORTER FENCHEL

Fenchelknolle, Fenchelsamen, Balsamico-Essig oder Grappa, Fenchelsalami

Am besten kochen Sie gleich ein paar Knollen und bereiten daraus eine kleine Vorspeise für später. Eine Knolle wird halbiert, das Herz keilförmig herausgeschnitten, damit die dicken Blätter zusammenhalten, und dann wird jede Hälfte in vier Teile

geteilt, in der Pfanne mit Butterschmalz angebraten, mit Fenchelsamen bestreut und mit einem Schuss Balsamico-Essig oder Grappa gelöscht. Dazu gibt es ein paar Scheiben Fenchelsalami und Baguette. Das schmeckt auch Papa.

SELLERIESALAT

Gekochte Sellerieknolle, Walnussöl, Sonnenblumenöl, Wasser, Weißweinessig, Schalotte, Orangenschale

Der große Rest der derben, gekochten Sellerieknolle wird in Würfel geschnitten und begossen mit einer Marinade aus Walnussöl, Sonnenblumenöl, Wasser und Weißweinessig zu gleichen Teilen, die schnell mit dem Pürierstab emulgiert wird. Werfen Sie eine grob geschnittene Schalotte oder Zwiebel mit in den Mixbecher und einen Teelöffel voll Senf. Raspeln Sie auch Orangenschale über den fertigen Salat.

Der Rest der Marinade kann in einem Glas einige Tage im Kühlschrank gelagert werden für zukünftige Salate.

ZUCCHINIVORSPEISE

Zucchini, fein gehackter Knoblauch, Erdnussbutter oder gehackte Nüsse, Zitronensaft oder ein bisschen gehackter, frischer Ingwer

Die Zucchinischeiben werden in Butterfett angebraten und aus der Pfanne genommen. Dann streuen Sie mit der Hand einen Schwung feingehackten Knoblauch ins Fett und geben einen großen Esslöffel voll Erdnussbutter mit etwas Wasser dazu. Eine Minute köcheln lassen, mit Zitronensaft abschmecken und dann über die Zucchinischeiben gießen.

Statt der Erdnussbutter passen auch Nüsse, Mandeln oder Pinienkerne dazu, unpüriert und nur gehackt. Salzen, pfeffern – das ist alles. Oder doch vielleicht noch eine kleine rote Peperoncinispitze oder etwas Chili hinzu?

PIKANTE ZUCCHINISCHEIBEN

Gebratene oder gekochte Zucchinischeiben, Weißweinessig, Zucker, 1 kleine Chilischote, Pinienkerne, Schale von unbehandelter Orange

Die Zucchinischeiben (lang oder rund geschnitten) werden in wenig Olivenöl gebraten, gesalzen, gepfeffert und mit einer Marinade begossen, die aus Weißweinessig besteht und kräftig mit Zucker abgeschmeckt wird. Eine kleine fein zerschnittene rote Chilischote gibt der Sache Pfiff. Mit ein paar gerösteten Pinienkernen und der fein geschnittenen Schale einer unbehandelten Orange wird aus den Zucchinischeiben eine sehr elegante Vorspeise.

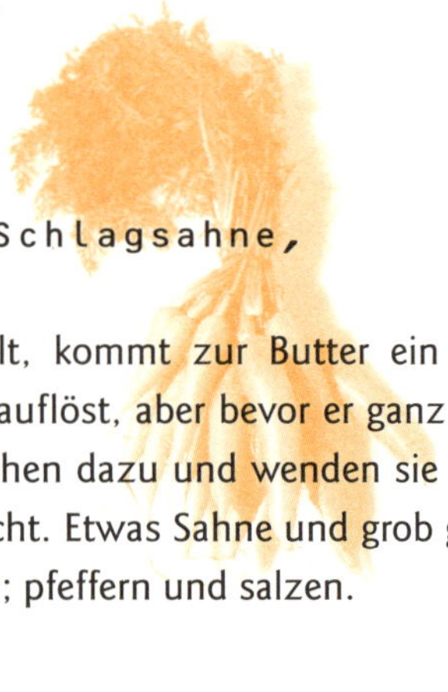

GLASIERTE KAROTTEN

Karotten, Butter, Zucker, Weißwein, Schlagsahne, Basilikumblätter

Am Abend, wenn der Vater zweimal klingelt, kommt zur Butter ein kleiner Schmiss Zucker in die Pfanne. Wenn der sich auflöst, aber bevor er ganz dunkel und bitter wird, geben Sie die Karottenscheibchen dazu und wenden sie kurz in dem Karamell. Dann wird mit Weißwein gelöscht. Etwas Sahne und grob gezupfte Basilikumblätter dürfen ein wenig mitkochen; pfeffern und salzen.
Hierzu passen Baguette und Parmaschinken.

FÜR ALLE: GEMÜSE – SAHNIG VERSUPPT UND VERBACKEN

Aus allen Gemüseresten können Suppen werden.
Vermusen Sie die gekochten Gemüsestückchen mit dem Pürierstab im Kochwasser. Nachdem die Babyportion verfüttert wurde, würzen Sie den Rest pikant und verlängern ihn. Wenn kein Kochwasser mehr da ist, dünsten Sie eine Zwiebel glasig, geben das Gemüse dazu und füllen mit Brühe (Instant) auf. Dann kommt die Sahne und vielleicht auch ein Schluck Weißwein. Pfeffer und Salz fehlen noch. Zu allen Suppen passen in viel Butter goldbraun geröstete Weißbrotwürfel.

KNOBLAUCH-SPINAT-SUPPE

Der inhaltlich überschätzte, aber bei Müttern beliebte Spinat wird gekocht und püriert. Für das Baby reicht ein Löffelchen, das mit einer gekochten Kartoffel und einem Stückchen Butter oder Sahne gemust wird. Probieren Sie selbst auch, ob das gut schmeckt.
Dann geben Sie zum verbleibenden Spinat Brühe und Schlagsahne, gehackten Knoblauch und eine kleine Zwiebel und würzen mit Salz und Muskat. Wenn noch eine gekochte Kartoffel übrig ist: Hinein damit! Jetzt nur noch kurz aufkochen lassen, dann muss wieder der Pürierstab her.

KAROTTENSUPPE

Vielleicht mit Orangensaft? Erhitzen Sie den Saft und feinst gehackten Ingwer mit der Suppe. Oder streuen Sie statt Ingwer frisch gehackte Pfefferminzblätter darüber.

STECKRÜBENSUPPE

Steckrüben lassen sich gut mit Karotten und Kartoffeln kombinieren. Man kocht sie in Brühe oder in Wasser und würzt mit Sahne und Muskat.

Probieren Sie statt Muskat auch einmal frische Pfefferminze oder Kümmel; und auf jeden Fall viel frisch gemahlenen schwarzen Pfeffer, nachdem das Baby abgefüttert wurde.

BLUMENKOHLSUPPE

Die Suppe wird mit viel geriebenem Muskat gewürzt und mit ein wenig Kurkuma oder Safran appetitlich gelb gefärbt.

PASTINAKENSUPPE

Diese Suppe schmeckt besonders gut, wenn sie scharf gepfeffert und dann mit reichlich Koriandergrün gewürzt wird. Auch Zitronensaft und ein bisschen Zitronenschale bekommen der etwas derben Erdfrucht gut.

KÜRBISSUPPE

Das pürierte Kürbisfleisch wird mit ein wenig Brühe und Sahne verflüssigt. Eine Hand voll geriebener Parmesan macht den Geschmack samtig.

Wenn die goldene Suppe im Teller leuchtet, streuen Sie locker ein paar Kürbiskerne in die Mitte und träufeln – mit Daumenbremse am Flaschenhals – einen kreisförmigen Schlenker steirisches Kürbiskernöl hinein.

KOHLRABISUPPE

Eine Kohlrabisuppe wird mit Ingwer und Brühe und Sahne besonders gut schmecken.

PORREESUPPE

Entweder Sie veredeln sie mit Muskat, Pfeffer, Salz, Sahne – fertig. Oder Sie schnippeln ein leckeres Kochwürstchen hinein. Dazu ein Stück Brot, und Sie haben eine komplette Mahlzeit.

KARTOFFELSUPPE

Knoblauch und Kartoffel vertragen sich ausgezeichnet. Und mit einem zerschnittenen Wiener Würstchen schmeckt die Suppe auch größeren Kindern und Erwachsenen. Oder Sie zerstampfen die Kartoffeln, verfeinern mit Brühe, Weißwein und Sahne und geben einen Schuss Trüffelöl darüber; oder eine Menge Kerbel oder fein geschnittenen Sauerampfer. Das sind dann schon Drei-Sterne-Süppchen.

SCHNELLE FISCHSUPPE MIT REST-KAROTTEN UND -FENCHEL

Erhitzen Sie einen Liter Fischbrühe (ob selbst gemacht oder aus dem Glas, ist eine Frage des Preises. Es gibt auch recht anständige Fischbrühwürfel). Dahinein kommen 100 Gramm Schlagsahne. Die ganze Flüssigkeit muss nun auf etwa die Hälfte einkochen und wird nur noch gepfeffert. Dann kommt ein ordentlicher Schluck Weißwein dazu und ein zartes Schlückchen Pernod oder Ricard, Ouzo geht vermutlich auch, und wenn Sie keinen Anisschnaps haben, tut es auch ein trockener

Wermut. Gekochter Fenchel und gekochte Karotten, in Stücke geschnitten, kommen zusammen mit einem kleinen Fischfilet in die Suppe. Der Fisch ist schnell gar und wird mit zwei Gabeln zerrupft. Dazu schmeckt ein Knoblauchbrot.

GEMÜSE-EGAL-TÖRTCHEN

Gemüse, Kartoffeln, Quark, Eier, Salz, Pfeffer, Tiefkühl-Blätterteig

Sehr praktisch sind die blechernen Muffintabletts mit sechs oder mehr Mulden, aber Sie können für die Törtchen auch Tassen oder andere Formen nehmen. Pinseln Sie die Backform mit etwas Öl aus. Stechen oder schneiden Sie aus dem Blätterteig runde Formen aus, die Sie in die Mulden drücken. Mischen Sie Gemüse und Kartoffeln mit etwas Quark, Salz und Pfeffer und geben Sie pro Portion ein ganzes Ei dazu. Die Masse wird vermischt und gleichmäßig auf die Teigförmchen verteilt. Im Ofen bei 170 Grad gehen die Törtchen auf und bekommen eine goldige Farbe.

GEMÜSE-EGAL-NUDELAUFLAUF

Eier, Sahne, dicke Röhrennudeln, Salz, Pfeffer, Muskat, gekochter Schinken

Für einen ordentlichen Auflauf brauchen Sie restliches Gemüse, außerdem Eier und Sahne, gekochte dicke Röhrennudeln, Reis oder Kartoffeln; geriebenen Käse, Salz, Pfeffer, Muskat und gekochten Schinken, Salami oder Würstchen.

Schichten Sie Nudeln, Gemüse und Fleisch übereinander in eine Auflaufform und begießen Sie den Berg mit einer Gratinierflüssigkeit, die zu gleichen Teilen aus ganzen Eiern und Sahne oder Crème fraîche besteht, gepfeffert, gesalzen, muskatiert und mit viel geriebenem Käse vermischt.

Fünfter, sechster, siebter Monat:
Mehr FLEISCH und FISCH

Ab jetzt – je nachdem, wie Sie es wollen und ob Ihr Kind schon einverstanden ist – gibt es Frischkäse und Vollmilchjoghurt, Fisch und Fleisch.
Geben Sie Ihrem Kind aber noch keinen Räucherfisch oder anderen pikant weiterverarbeiteten Fisch. Auch die Fritteuse bleibt noch im Schrank.
Fisch wird zuerst gedünstet, gedämpft oder in Alufolie gebacken; dann gehäutet, perfekt entgrätet, püriert oder fein gehackt.
Beim Fleisch fangen Sie mit Hühnerfleisch oder Pute an, das brät schnell gar, ist leicht, schmeckt nicht zu stark und ist nicht sehr fett.
Dann gibt es auch ein bisschen Gehacktes vom Schwein oder Rind; und wenn Sie eisenhaltige Leber verfüttern wollen, einmal in der Woche Hähnchenleber oder Kalbsleber, die sind sanft im Geschmack.
Wegen der allgemeinen Schadstoffbelastung kaufen Sie diese ersten Fleischportionen für Ihr Baby lieber bei Ökobauern.
Kochen Sie Gemüse und geben Sie etwas klein geschnittenes Fleisch in die Gemüsebrühe, bis es gar ist, oder grillen, backen, dünsten oder kochen Sie ein kleines Fleischstück. Es wird zusammen mit dem Gemüse und der Brühe püriert. Bereiten Sie größere Portionen zu, damit es sich überhaupt lohnt, den Herd anzustellen. Dann können Sie kleine Fleisch- und Fischgerichte in leeren Joghurtbechern zwei Monate lang einfrieren.

FINGERFOOD FÜR DRECKSPATZEN

Ab einem halben Jahr grabscht das große Baby, wenn es nicht schon eher durch Geschwisterkinder ermuntert wurde, nach dem Löffel und auch direkt ins Essen: matschen, umdrehen, runterschmeißen – das ist alles, was es will. Man kann respektvoll dazu bemerken: Hier übt jemand seine Feinmotorik. Aber wenn Sie sagen, da wutzt ein Ferkel, stimmt's auch.

Schluss mit den Breichen! Die werden erst wieder aufgetischt, wenn der kleine Mensch sich besser benimmt. Jetzt wird die Kocherei für Sie leichter, denn jetzt bekommt das Kind festere Nahrung zum Probieren und Untersuchen. Gegessen wird, was auf die Hochstuhl-Theke kommt, der Teller kann ruhig im Schrank bleiben.

Spätestens ab dem neunten Monat wird Essen nicht mehr grundsätzlich püriert; Fleisch und Fisch werden nur gehackt.

Wenn dann in den Backentaschen Zähne auftauchen, kann das Kind schon klein geschnittenes Fleisch essen. Geben Sie Ihrem Kind nur keine harten Nahrungsmittel wie Nüsse und lassen Sie es nicht allein, wenn es Weintrauben, rohe Karotte, Popcorn oder Fleischbällchen isst. Es kann sich daran leicht verschlucken, und wer weiß, was ihm alles einfällt? Vielleicht versucht es, sich eine Silberzwiebel in die Nase zu stecken.

Wenn Sie gemeinsam essen, Besuch haben und Ihr Kind bei Tisch beschäftigen wollen, legen Sie ihm nun auch Häppchen hin und Brotkanten. So kann es aussuchen und spielen, tasten und probieren, drücken und quetschen.

SCHMIERFINKS GLÜCK

Ein paar gepellte, gekochte Kartoffeln sind praktisch für die Mutter, und der Schmierfink ist damit zufrieden. Dazu gibt's einmal pro Woche ein zerschnittenes, hart gekochtes Ei oder Streifen und Stücke von Rührei mit grünen Kräuterpünktchen oder ohne.

GEMÜSESTICKS MIT DIP

Kochen Sie verschiedene Gemüse (Kohlrabi, Karotten, Kartoffeln in Stiften, Blumenkohl oder Brokkoli in Röschen) in kochendem Wasser gar.
Stellen Sie ein Brettchen mit dem gekochten Gemüse auf die kleine Theke am Hochstuhl und dazu ein Schüsselchen mit einem Joghurt-Dip. Der Joghurt kann einmal bleiben, wie er ist, wird aber das nächste Mal vermischt mit Avocadomus oder ein bisschen Zitronenaft und etwas Honig.

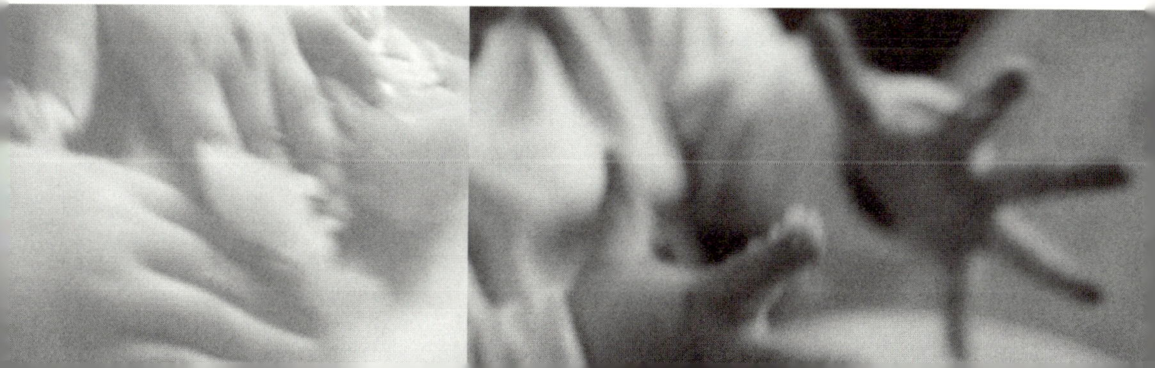

UND SALAT!

Frische Salatblätter, auch Chicoréeblätter, werden in Streifen geschnitten, mit geraspelten Karotten und Äpfeln besprenkelt und mit Käsestückchen, Weintrauben oder Hühnerfleischstückchen belegt. Mit etwas Sahne und Zitrone, wenn nötig auch mit einem kleinen Honigtropfen, saftig abschmecken.

FLEISCH

Die Leber von Kalb, Hähnchen oder Pute wird in Streifen geschnitten, ein wenig gesalzen, mit zerbröseltem, getrocknetem Salbei gepudert und nur ganz kurz in Butterfett gebraten, denn die Streifen werden in der Pfanne schnell schwarz.
Werfen Sie ein paar geschälte Apfelschnitze dazu und achten Sie darauf, dass auch sie nicht zu viel Hitze bekommen und ganz zerfallen.
Zarte Stücke von Hühnchenfleisch oder Putenfleisch, gebratene Bällchen aus gehacktem Fleisch von Huhn, Lamm oder Pute, nur wenig gesalzen und gepfeffert, schmecken ebenfalls gut, wenn man sie mit Fingern isst.

FISCHWÜRFEL

Kabeljaufilet oder anderer Fisch wird sorgfältig auf Gräten untersucht, in Würfel geschnitten und in gesalzenem Wasser gegart oder in Butter gebraten. Dazu gibt es eine gewürfelte Pellkartoffel.

KNUSPERKÄSE

Der milde Goudakäse kann so, wie er ist, gewürfelt auf das Brettchen gelegt werden; auch Mozzarellastückchen und Viertel von süßen Tomaten sind beliebt.
Wenn das schmeckt, können Sie die Käsewürfel – oder Tofuwürfel – auch durch ein gequirltes Ei ziehen, in Paniermehl wälzen und ihnen in der Pfanne eine golden Kruste verbraten.
Dazu gibt es Kartoffeln oder italienische Grissini oder gebutterte Toaststückchen – die Öko-Mama wählt Vollkorn –, und Ihr Kind wird sich entzückt eine ganze Weile vergnügen, während Sie mit den Größeren essen oder telefonieren.

ZAHNWEH-EIS

Hat Ihr Kind heiße, dicke Backen? Wenn sich Zähne an die Oberfläche schieben, tut das manchmal sehr weh.
Frieren Sie eine Banane ein und lassen Sie das arme Kerlchen darauf herumlutschen. Das hilft recht gut – schließlich ist es Bananeneis.
Sobald die ersten Zähnchen gesichtet werden, geben Sie Ihrem Kind gelegentlich auch einmal einen Kanten hartes Brot zum Nagen, Sabbeln und Lutschen. Das ist eine Sensation.

Das Kind ISST JA überhaupt NICHTS!

Zunächst einmal: Seien Sie froh, wenn es imstande ist, zwischen Hunger und Sättigung zu unterscheiden; wer das kann, wird nicht zu dick. Außerdem mag es vielleicht eine Stunde später ein Brötchen mit Käse. Und überhaupt – der Tag ist noch lang und bietet mehr als eine Gelegenheit, einem Kind frisches Gemüse, Obst und Brot zu verpassen.

Bloß weil der kleine Terrorist den Mund zukneift, sollten Sie nicht übereifrig Eisenbahnen und Schiffchen aus Brotscheiben schnitzen, Gemüsegesichter auf dem Teller arrangieren und Buchstaben auslegen. So etwas macht man aus Spaß und mit dem Kind zusammen für die ganze Familie.

Nehmen Sie die Brio-Eisenbahn, beladen Sie die Güterwagen und lassen Sie das Essen vorfahren und auch vorbeifahren – hier ein Häppchen, da ein Stückchen, wie in modernen Sushi-Bars. Da werden die Tellerchen auf einem Fließband zum Gast transportiert.

Wenn das Kind einen Geschmacks- und Phantasieverstärker dieser Art braucht, warum nicht? Es sei denn, die Benimm-Erziehung ist Ihnen wichtiger als die Geschmackserziehung, aber bedenken Sie: Bis zum zwanzigsten Lebensjahr wird Ihr Kind in jedem Fall gelernt haben, wie man sich bei Tisch benimmt, nämlich so wie Sie selbst. Arbeiten Sie lieber an Ihren eigenen Gewohnheiten, denn Sie geben ein Beispiel. Alles andere können Sie getrost der Zeit überlassen.

Übrigens ist es nicht ungewöhnlich, dass ein fünf Jahre altes Kind nicht mehr isst als ein einjähriges, das in diesem einen Jahr gewaltig wächst. Auch ein Kind von drei Jahren mag manchmal nicht mehr als zehn Löffelchen vom Hauptgericht essen. Macht nichts.

Natürlich will jedes Elternpaar auch mal ganz in Ruhe mit Freunden speisen. Das klappt aber nur, wenn Sie Ihr Kind auch in Ruhe lassen. Gegessen hat es zwar schon vorher, aber bestimmt will es noch naschen. Stellen Sie ihm einen Teller mit einer warmen Pellkartoffel auf den Boden. Ein einjähriges Kind wird sie voller Inbrunst mit den Händen zerdrücken, sich in die Klamotten reiben und ab und zu davon probieren. Oder Sie nehmen das Kind auf den Schoß und lassen es mitessen und auf Ihrem Teller herumfuhrwerken. Allerdings schafft das nur eine wirklich ausgeschlafene Frau, die entspannt plaudert und kichert, ab und zu etwas nachlegt, das Kind hinterher ohne Umschweife unter die Dusche stellt, den Fußboden großräumig wischt und kinderfeindliche Sets und sonstige verwutzte Tischwäsche kurzerhand der Waschmaschine ins Maul stopft.
Insgesamt strengt dies weit weniger an, als ständig zu schimpfen, zu reiben, zu mahnen, aufzuräumen, Entschuldigungen und Erklärungen zu murmeln und dabei das eigene Essen kalt werden zu lassen. Dann nämlich sind am Ende alle genervt und gut gegessen hat keiner.

Keine EXTRAwurst fürs Kleinkind

Kleine Kinder sind Spießer. Ihr Essen muss übersichtlich sein, also eher sparsam portioniert, und man muss alles einzeln erkennen können. Manche finden nichts ekliger als einen bunten Salat, eine Quer-durch-den Garten-Gemüsesuppe, ein undefinierbares Gemüseragout mit Pilzen, Zwiebeln und Tomaten oder eine bunte Fischpfanne. Na dann: Bloß keine Experimente! Kinder mögen das am liebsten, was sie kennen, und je öfter, desto lieber. Wie praktisch, denn das können Sie sich zunutze machen.

Schlampen und schlaue Rabenmütter haben herausgefunden, dass man einem Kleinkind selten Extrawürste braten muss, denn es kann und mag alles essen, was die anderen auch essen – nur nichts, was es ganz allein essen soll. Wenn Mama selbst gern und kultiviert im Sitzen am Tisch speist, hat sie es einfach: Sie kocht sich selbst etwas Leckeres, genießt ihr Mahl und gibt dem kleinen, neugierigen Kind von allem ein Stückchen ab. Soll sie sich doch ein Schnitzel gönnen oder ein gebratenes Stück Fisch. Und wenn es ein gezwiebelter Matjes oder ein Salat sein soll – bitte sehr, das Kind wird auch davon probieren.

Alles, was auf dem Tisch steht und von den anderen gegessen wird, ist bereits interessant, und selbst einjährige Kinder mampfen, ohne mit der Wimper zu zucken, Oliven und Essiggürkchen, sauren Hering und scharfes Gemüse weg.

Fragen Sie also nicht ständig, was Ihr Kind haben will, und bieten Sie ihm nicht dauern etwas Neues an. Wenn das Schätzchen einen Essenswunsch äußert, bekommt es das. Sollen es immer nur Nudeln mit roter Sauce sein, dann machen Sie die Sauce in größerer Menge selbst, damit sie wenigstens nahrhaft ist, und verwandeln Sie sie ab und zu in eine rote Fischsauce oder eine Fleischsauce oder Knoblauchsauce. Ändern Sie die Nudelsorten und machen Sie sie auch einmal selbst – gefüllt oder geschichtet, gefärbt, aufgebraten mit Ei oder kalt als Salat.

Das Kind selbst bestimmt, ob es Mahlzeiten ausfallen lässt und wie viel es isst. Wenn Sie ihm das zugestehen, haben Sie wenig Stress. Mal isst es mehr, mal weniger, mal gar nichts. Sie essen ja auch nur so regelmäßig, wie es eben möglich ist. Und wenn die ganze Familie nur sonntags gemeinsam am Tisch sitzt, weil in der Woche alle zu verschiedenen Zeiten nach Hause kommen, ist Ihr Familienrhythmus eben ein wenig holperig. Damit können Sie umgehen, und Ihren Kindern ist das ganz egal. Wenn einer Hunger hat, isst er, sagt Bescheid oder bereitet sich selbst etwas zu.

Warum die kleinste Person im Haushalt zu einer Regelmäßigkeit zwingen, auf die sich der Rest der Familie unmöglich einigen kann? So eine scheinvernünftige, scheingesunde, aber völlig unsoziale Maßnahme durchschaut ein Kleinkind schon sehr früh und lässt sich nur unter Druck darauf ein. Wie anstrengend!

Wählen Sie Rezepte, die familienkompatibel sind, und kochen Sie nicht jeden Tag eine winzige Mahlzeit für den Spatzenhunger.

Von Gerichten, die der ganzen Familie schmecken, zweigen Sie einfach Kleinstportionen ab, bevor Sie sie wirklich drastisch verschärfen. Frieren Sie dieses und jenes ein, dann haben Sie gutes Fastfood parat, wenn jemand drängelt.

Süße Hühner, niedliche Fische –

Falls es in Ihrer Familie schwerwiegende Gründe gibt, kein tierisches Eiweiß zu essen, sollten Sie sich wirklich schlau machen, denn Babys und Kleinkinder haben einen sehr viel höheren Eiweißbedarf als Erwachsene, und daraus entstehen leicht Ernährungsfehler.

Wenn Sie keine Bedenken haben, gibt es einmal in der Woche eine kleine Bulette, einmal ein Ei und einmal Fisch; das ist eine ausreichende Eiweiß- und Eisengabe. Vermeiden Sie in jedem Fall möglichst Verbote; reden Sie zum Beispiel nicht angeekelt über Würste, sonst hat das Kind einen starken Hebel zur Überwindung des elterlichen Einflusses entdeckt. Und darauf haben die Kleinen es ja alle vom ersten Tag an abgesehen, wie man weiß. Soll also das Würstchen ein Würstchen bleiben und nicht zur Siegesfackel werden.

– Furcht und Schrecken in der Küche

Wie sieht ein Huhn von innen aus?

Gibt es bei Ihnen zu Hause liebe Hühner, süße Kaninchen und niedliche Fische zu essen? Dann sollten Sie Ihrem Kind vielleicht lieber keine falschen Vorstellungen von Fleisch vermitteln. Fleisch ist nun eben nicht von Anfang an gehackt, quadratisch abgepackt und tiefgefroren.

Wenn Sie zu den Mutigen gehören, kaufen Sie ein Huhn beim Bauern. Gerupft? Ja doch; aber noch nicht ausgenommen ...

Auf den Küchentisch damit! Wenn Sie sich dazu zwingen müssen, wenn Sie sich vor Innereien ekeln oder wenn Sie leicht weinerlich werden, streichen Sie das ganze Projekt besser. So etwas überträgt sich auf der Stelle. Die meisten Kinder werden erst im Laufe der Erziehung sentimental und wollen dann nicht mehr daran erinnert werden, woher Fleisch eigentlich kommt.

Zeigen Sie Ihrem Kind, wie ein Huhn innen aussieht; und wenn Sie es nicht können, gucken Sie gemeinsam zu, wenn ein Fachmensch das Huhn ausnimmt. Kinder finden das wahnsinnig aufregend und sind keineswegs angeekelt, wenn es die Mutter auch nicht ist: Hier fängt der lange Darm an, in dem noch Hühnerkacke steckt – boah!-, und dann der Magen, die Leber, und dass bloß die grüne Bittergalle nicht kaputtgeht! Und wie das riecht! Sehr beeindruckend sind die vielen ungelegten Eier ohne Schale, ohne Eiweiß, die sich im Hühnerbauch noch in allen Größen am Eierstock befinden – die kann man zum Kuchenbacken nehmen. Dann ist da noch das kleine Hühnerherz mit den zwei dicken Adern, und dicht an den Rippen kleben die knallroten, schaumigen Lungenlappen. Sieh da, der Magen ist auch noch voll, aber gar nicht unappetitlich. Wenn die Magenwand und die äußeren Häute abgezogen sind, sieht das Fleisch ganz schier aus.

Worauf Sie sich gefasst machen können:
Warum ... Warum ... Warum ... Wieso ... Weshalb ... Warum? Nerven bewahren, Zoologiebuch hervorkramen (aus der eigenen Schulzeit) oder neu anschaffen!
Wenn Sie zu Hause Fische und andere Tiere ausnehmen, schuppen und appetitlich zerteilen, vermitteln Sie mit dieser sorgfältigen, raschen, individuellen Behandlung vielleicht mehr Respekt vor Leben und Tod von Tieren, als angesichts des industriell abgemurksten und pürierten Inhalts einer Tiefkühltruhe je entstehen kann.

Eine HühnerSUPPEN-Woche

Klare Suppen – Brühen, Bouillons – mögen die meisten Kinder gern; vorausgesetzt allerdings, dass sie nicht vor Gesundheit in Form von frisch-derben Gemüsestücken strotzen. Wenn Sie einem Kind mit Karotten kommen, mag das ja noch gehen; aber Suppengrün, Sellerie und Porree, und alles gewürfelt und verkocht und nicht auseinander zu halten – pfui Deibel!

Dagegen kommt eine Brühe, aus der das verkochte Suppengemüse hinterrücks entfernt wurde, meistens sehr gut an. Mit Fleischstückchen oder Klößchen. Nudeln, Brot oder Reis werden getrennt serviert, denn die quellen in der Brühe unappetitlich auf.

HÜHNERBRÜHE

1 Hühnchen aus der Tiefkühltruhe oder Hühnerklein oder ein frisches Suppenhuhn; 1 Bund Suppengrün, 1 Bund Petersilie, etwa 10 Pfefferkörner

Sie waschen das Huhn innen und außen und bedecken es in einem großen Topf mit kaltem Wasser. Das Gemüse brauchen Sie nur kalt abzuspülen, wenn es aus dem Supermarkt kommt, denn es ist bereits gewaschen. Zerstückeln Sie es großzügig, ohne auf Schönheit und Gleichmaß zu achten.

Die Petersilie wird nur unter Wasser ausgeschüttelt und kommt ohne Gummiband, aber mit Stumpf und Stiel in den Topf. Salz, Pfefferkörner hinterher, Topf zudeckeln. Sie lassen alles schnell aufkochen, schalten dann die Hitze herunter und stellen den Wecker auf zwei Stunden.

Fischen Sie das Huhn oder die Hühnerteile aus der Brühe und lassen alles gut abkühlen. Die Brühe wird durch ein Sieb in einen anderen Topf gegeben. Das Gemüse wird spurlos beseitigt, es hat sein Bestes der Brühe gegeben und besteht nur noch aus Ballaststoffen. (Wenn Sie aber Suppengemüse schätzen und Ihr Schätz-

chen auch, sollten Sie erneut frisches Gemüse putzen und sehr klein würfeln, sodass es beim Erhitzen der Brühe in null Komma nichts gar ist.)
Das Fleisch wird mit den Fingern von den Knochen gelöst, wobei ein Flügel oder ein halb ausgelöstes Beinchen zum Abknabbern eine Etage tiefer gereicht wird, während die wabbelige, durchaus leckere Hühnerhaut und der Knorpel vielleicht noch weiter unten landen, bei Katz und Hund (die sollen schließlich auch Gourmets und keine Fast-Food-Junkies werden).
Die Knochen kommen weg.
Würfeln Sie das Fleisch und heben Sie es getrennt von der Brühe auf. Außer für eine Suppeneinlage reicht es noch für ein wunderbares Frikassee (siehe Seite 150) oder für ein Hühner-Curry (siehe Seite 146).

NUDELSUPPE

Eine Kelle Brühe wird erhitzt. Hinein kommen ein paar Geflügelstückchen und eine Hand voll chinesische Glasnudeln, die mit der Küchenschere in fingerlange Fäden geschnitten wurden; wenn die Brühe heiß ist, sind die Glasnudeln in zwei Minuten gar.

FADENNUDELN IN BRÜHE MIT KLÖSSCHEN

150 Gramm gemischtes Hack, 1 ganzes Ei, Pfeffer und Salz

Wenn Sie Sternchen- Buchstaben- oder Fadennudeln verwenden wollen, Hörnchen oder andere Eiernudeln, kochen Sie diese lieber getrennt weich (im Kühlschrank bleiben sie dann noch zwei bis drei Tage lang frisch, wenn sie eingeölt

werden) und geben sie portionsweise in die heiße Brühe, damit sie klar bleibt. Der Favorit bei Kindern ist zurzeit übrigens Couscous.

Würzen Sie das gemischte Hack mit Pfeffer und Salz und kneten Sie ein ganzes Ei hinein. Daraus werden mit einem Teelöffel kleine Klößchen abgestochen, die Sie mit den Händen nachformen können (und dann als Vorrat auf einem Teller einfrieren können – wenn sie hart sind, werden sie eingebeutelt und können portionsweise entnommen werden).

Eine Suppenkelle voll Brühe, fünf bis zehn Klößchen, je nach Größe, und drei Esslöffel Couscous machen so manches Kleinkind mittags satt.

STRACCIATELLA ALLA ROMANA

1/4 Liter Brühe, 1 Ei, 1 Esslöffel geriebener Parmesankäse, Muskatnuss, Salz

Das Ei wird zusammen mit dem Parmesan, Salz und Muskat in einer Tasse mit der Gabel verschlagen, während eine Kelle voll Brühe, oder ein bisschen mehr, im Topf zu kochen beginnt.

Sie nehmen den Topf vom Herd, gießen dann die ganze Eiermasse in die heiße Brühe und wirbeln schnell mit einem Schneebesen oder mit der Gabel in der Brühe herum, damit das Ei stockt und die Eierblumen schön klein bleiben. Nun setzen Sie den Topf wieder auf den Herd und kochen die Stracciatella noch 2 Minuten auf kleiner Hitze.

ZUPPA ALLA PAVESE

Pro Person eine Scheibe Weißbrot, je ein Eigelb, geriebener Parmesankäse

Eine Kelle Brühe pro Nase wird erhitzt. Für jeden Teller sollte nun eine dickere Scheibe Weißbrot entrindet und in Butter auf beiden Seiten kurz so angebraten werden, dass sie außen knusprig wird und innen noch weich ist. Sicher können Sie die eher etwas dicken Scheiben auch toasten und dann buttern.

Legen Sie die Scheiben in tiefe Teller und platzieren Sie jeweils ein frisches Eigelb darauf, möglichst ohne es zu zerstören. Obendrauf kommt ein Esslöffel Parmesan. Wenn die Brühe heiß ist, wird sie vorsichtig, ohne auf das Ei zu platschen, in den Teller gegossen. Das Eigelb kann dann jeder selbst anstechen und sich in die Brühe rühren.

Allerdings wird das Eigelb nicht ganz durchgegart – achten Sie unbedingt darauf, dass die Eier sehr frisch sind, also nicht älter als eine Woche alt, und dass kein Schalenstückchen in der Suppe landet.

DICK GENUDELTE MAISSUPPE

1/2 Liter Hühnerbrühe und etwas Hühnerfleisch, 1 kleine Dose Mais, Nudeln, egal, welcher Form, etwa zwei Hände voll, Petersilie

Kochen Sie die Nudeln in der Fleischbrühe gar, dann kommt der Mais dazu. Der Zauberstab püriert alles im Topf mitsamt dem Fleisch zu einer cremigen, goldigen Suppe. Falls zu viel davon im Topf ist, kann die Suppe auch in Portionen eingefroren werden.

DICKE REISSUPPE

Eine kleine, dicke Reissuppe ist für ein kleines Kind magenfüllend. Für die größeren Menschen reicht sie nur als Vorspeise. Auf 1 Tasse Reis kommen 5 Tassen Brühe. Eventuell müssen Sie noch ein wenig Brühe nachgießen, damit die Suppe eine Suppe bleibt und schön flutscht; dann kommen noch ein paar Hühnerstückchen hinein und vielleicht ein wenig Petersilie obendrauf.

UNTERGRUNDSUPPE

Einen Schuss Olivenöl, 2 mittelgroße Zwiebeln, 1 Knoblauchzehe, 6 Tassen Brühe, 1 kleine Steckrübe, dieselbe Menge Karotten und noch einmal genauso viele Kartoffeln; wenn Sie finden, auch Süßkartoffeln, frischer Pfeffer, Salz und etwas Dill oder Fenchelgrün

Alles Gemüse, das in dieser Suppe in Stückchen herumschwimmt, wächst unter der Erde. Dill oder Fenchelgrün sind ein kleiner Gruß von oben. Das schmeckt gut, noch besser aber, wenn Sie ein bisschen Hähnchenfleisch zerschneiden und mitgaren.

Meerestiere

Kaufen Sie immer auch ganze Fische, die Sie eventuell sogar ausnehmen müssen. Aber selbst wenn das bereits erledigt ist, gibt es noch viel zu betrachten. Fischköpfe sind besonders faszinierend für Kinder, und wenn der Fisch noch geschuppt werden muss, mit einem Messer gegen den Strich, ist das eine aufregende Sache.

GEBRATENE, GANZE SARDINEN

Die Sardinen müssen ausgenommen werden. Das geht ganz leicht, indem man den Kopf am Rückgrat abkneift und ihn dann mitsamt dem inneren Geschlinge über den Bauch nach unten wegzieht. Die fertig ausgenommenen Fische werden unter kaltem, fließendem Wasser abgewaschen und dann mit Küchenkrepp trocken getupft.

Stellen Sie ein Tellerchen mit Mehl und einer großen Prise Salz bereit und geben Sie Butterfett in die Pfanne. Die Fische werden einzeln von Ihrem Kind am Schwanz gepackt, rechts und links und rundherum in Mehl gewälzt und dann über dem Teller leicht geschüttelt, damit das überschüssige Mehl abregnet.

Alle Fische auf einem Teller sammeln. In der Pfanne ist das Butterfett schön heiß, und nun kommen die Fische von Mutterhand ins heiße Fett. Sie bräunen sehr schnell auf einer Seite und werden dann einmal umgedreht.

Wenn sie fertig sind, werden sie auf einen Teller bugsiert, zusammen mit einem Viertel von einer Zitrone. Ein bisschen Säure passt sehr gut zum knusprigen Fisch. Aber aufgepasst, dass der Saft nicht in die Augen spritzt! Die gebratenen Fische werden am Schwanz gepackt und irgendwie abgelutscht. Wenn sie groß sind, nagt man alles um die Rückengräte herum ab; wenn sie sehr klein sind, bleibt nur die Schwanzflosse übrig, denn alles Übrige kann man essen. Gut kauen, dann stellen die zarten, feinen Gräten kein Problem für ein Kind dar, das schon alles versteht.

SAURE SARDINEN

Kleine Sardinen, Meersalz, Pfefferminzblätter, Rotweinessig, Knoblauch, kleine rote, frische Pfefferschote

Bereiten Sie eine raffinierte Vorspeise zu, die vielleicht auch Kinder lieben, wenn sie zugeschaut haben; wenn nicht, gehört sie Ihnen allein.

Die Sardinen werden ausgenommen (siehe das Rezept oben) und unter fließendem Wasser gespült. Mit dem Daumennagel löst man die Rückengräte der Länge nach und zieht sie dann aus dem Fisch heraus. Dann legt man die Tierchen aufgeklappt hübsch nebeneinander in eine flache Schüssel und tupft sie mit Küchenkrepp trocken. Nun kommt das Salz, das sorgfältig und nicht zu knapp über die Fischli gestreut wird. Dann hobeln Sie Knoblauch, möglichst fein, darüber – nicht durchpressen – und verteilen üppig gehackte Pfefferminzblättchen. Bedecken Sie die Fische mit Rotweinessig oder Weißweinessig, aber nicht mit Balsamico, denn der ist zu milde.

Nun kommt die nächste Schicht. Am Schluss muss alles gut mit Essig bedeckt sein, und nach einer Stunde können Sie die Fische bereits verspeisen. Wenn sie länger als vierundzwanzig Stunden in der Lake liegen geblieben sind, müssen sie herausgenommen werden, abtropfen und können dann, mit Öl ganz begossen, im Kühlschrank aufgehoben werden.

NICHT MIES, DIE MUSCHELN

Miesmuscheln, pro Person gut ein Pfund, Zwiebel, Karotte, Sellerie, sehr fein gehackt oder geraspelt; Knoblauch, Olivenöl, Pfeffer und Salz, Weißwein, Baguette oder anderes helles Brot

Das zerkleinerte Gemüse wird in wenig Olivenöl angebraten, gepfeffert, gesalzen und mit einem Gläschen Weißwein gelöscht. (Der Alkohol verkocht bei der Prozedur, aber wer ihn nicht am Essen haben will, lässt den Wein weg oder gießt ihn erst später dazu, wenn die Kinderportion abgezweigt ist.)
Die Muscheln werden unter fließendem kaltem Wasser abgebürstet, dabei rütteln sie im Becken herum. Jene Muscheln, die sich schon leicht geöffnet haben, werden den Deckel schnell wieder schließen. Tun sie es nicht, sind sie vielleicht nicht mehr gut und sollten im Mülleimer verschwinden. Rupfen Sie auch die in den Schalen eingeklemmten Bartfäden heraus.
Nun geben Sie alle Muscheln in den Topf zu dem Gemüse, schließen den Topfdeckel und heizen den Muscheln ein. Lupfen Sie nach zehn Minuten den Deckel. Wenn alle Muscheln geöffnet sind, lassen Sie sie noch zwei Minuten im Sud köcheln; dann gießen Sie den ganzen Topfinhalt in eine große Schüssel.
Jeder bekommt in einen tiefen Teller eine Portion Muscheln und etwas von dem Sud. Eine Muschel wird mit der Gabel oder den Fingern aus der Schale geholt, danach hat man die leere Schale als handliche Greifzange für die anderen Muscheln. Besteck ist nicht nötig, denn der Sud wird mit einem Brotstück zwischendurch aufgetunkt.

CALAMARES

Wer nur die weißen panierten Ringe sieht, kann mühelos vergessen, dass da jemals ein Tier gejagt wurde; aber ist das richtig?
Entscheiden Sie sich einmal nicht für die Ringe, sondern nehmen Sie die ganzen Tiere.
Ganze Calamares kann man beim Fischhändler schon aufgetaut besichtigen. In der Tiefkühltruhe gibt es sie in mehr oder minder kleinen Blöcken eingefroren zu kau-

fen. Sie sollten langsam auftauen, und nur wenn Sie es eilig haben, legen Sie sie ein paar Minuten in warmes Wasser.

Wenn die Tiere ganz klein sind, trennen Sie nur die Tentakel ab und reinigen die Tuben mit einem spitzen Finger von innen unter fließendem warmen Wasser. Dabei kommt vielleicht ein langer, harter und durchsichtiger Chitinknochen hervor und etwas Glibber. An den Tentakeln sitzen dicke dunkle Augen. Schneiden Sie hurtig diesen Teil mit Augen ab und entfernen Sie das hornige, schnabelartige Kauwerkzeug, das der Calamar zwischen seinen Armen hat. Vielleicht zeigt Ihnen und Ihrem Kind ein freundlicher Fischhändler, wie es geht; dann können Sie beim nächsten Mal gemeinsam beraten und sich erinnern. Die sauberen Tuben werden ein-, zweimal durchgeschnitten, die Tentakel bleiben ganz oder werden halbiert.

Nun geben Sie wenig kaltes Butterfett in der Pfanne und braten sie ganz kurz. Es sieht allerliebst aus, wie sich die langen Arme niedlich und appetitlich kringeln.

Calamares schmecken nicht sehr charaktervoll, drum müssen Sie ein wenig nachhelfen. Entweder Sie geben eine gehackte Knoblauchzehe, eine Hand voll gehackte Petersilie und einen Guss Olivenöl kurz mit in die Pfanne, spritzen Zitronensaft darüber, salzen und servieren die Tierchen mit einem Stück Weißbrot; oder Sie bereiten eine einfache Tomatensauce zu, mit der die gebratenen Calamares übergossen werden.(siehe Seite 121).

Auch eine Sauce aus ein paar blättrig geschnittenen, in Fett gebratenen Champignons mit einem Schuss Sahne und einem streichholzschachtelgroßen Stück Gorgonzola passt dazu.

Wenn Sie etwas Sahne und Pernod direkt in die Pfanne gießen, geben Sie den blassen Streifen einen markanten Geschmack – für die größeren Rabauken in der Familie.

GRUSELIGER RIESENKRAKE

Der Tintenfisch, Pulpo oder Octopus ist nicht immer riesig. Es gibt durchaus auch kleinere Exemplare, und in den Edelrestaurants findet man immer häufiger Baby-Octopusse (lange kann das nicht mehr gut gehen). Der große wirkt vielleicht auf den ersten Blick etwas unheimlich, aber auch er schmeckt gut und hat wenigstens schon etwas für die Vermehrung seiner Art getan.
Nehmen Sie ein Exemplar von der Größe eines nassen Wischlappens.

Etwa 1 Kilo Pulpo, Zitronensaft, Olivenöl, scharfen roten Pfeffer (zum Beispiel spanischen Pimiento picante) beziehungsweise Salz und Pfeffer

Der riesige Beutelkopf wird vom Körper geschnitten, dann kann man auch die glupschige Augenpartie mit einem Schnitt entfernen. Der Beutel wird von innen gereinigt – es ist nicht viel drin – und in Quadrate geschnitten. Dann muss noch der mächtige Kauschnabel, der zwischen den Armen sitzt, herausgepult werden.
Setzen Sie einen großen Topf mit Wasser auf. So lang und schlaff, wie er nun ist, lassen Sie den Pulpo ins kochende, kräftig gesalzene Wasser gleiten.
Er ringelt seine langen Arme sofort zusammen und färbt sich dunkelviolett. Nach einer halben Stunde ist er gar, schneiden Sie ein Stückchen zum Probieren ab. Auch wenn er gar ist, fühlt er sich immer ein bisschen stramm und fest an.
Wenn er aus dem Wasser kommt, sieht er wunderschön und adrett gekringelt aus. Sofort werden die Arme in kleine, dicke Scheiben geschnitten, mit Olivenöl und gehacktem Knoblauch begossen, mit Zitronensaft bespritzt und kalt gestellt. In Spanien serviert man sie auch heiß und kräftig mit rotem Pfeffer bestreut, mit Olivenöl und Kartoffeln.
Selbst wenn Ihr Kind das am Ende nicht essen mag, wird es die Zubereitung beeindruckt verfolgen, und Sie selbst haben eine pikante Speise, zu der Wein und Baguette vollauf genügen.

Blitzmahlzeiten

für Spatzen-HUNGER und Bären-APPETIT

Statt regelmäßig um zwölf ein Essen zu kredenzen, auf das Mama oft gar keinen Appetit hat, ist es gescheiter, ab und zu mit Karre und Kind einen Parkspaziergang zu unternehmen. Wer Hunger hat, bekommt unterwegs ein Brötchen, ein Hörnchen oder einen flüssigen Brei aus der Flasche. Oder Sie kehren gemeinsam in einem Kuchenhaus ein. Nicht was Ihr Kind an einem Tag isst, ist wichtig, sondern alles, was es während der ganzen Woche zu sich nimmt.
Und: keine falschen Hemmungen vor den Tiefkühltruhen im Supermarkt! Allerdings sind Fischstäbchen, Pommes und Hamburger für Kleinkinder und Schulkinder nur ausnahmsweise geeignet. Greifen Sie lieber zu einfachen, halb fertigen Gerichten wie Fischfilets, Fleischstücken oder Gemüse, Reis- und Nudelgerichten, die Sie auch tiefgekühlt aufbewahren und irgendwann rasch fertig kochen.
Wenn Sie selbst kochen, ist das nahrhafter, billiger und vielfältiger im Geschmack. Allen fertigen Gerichten, auch Pizza und Pommes, sind Geschmacksverstärker beigemischt, an die Kinder sich leider sehr schnell gewöhnen, und dann hat man bald Ärger, weil ihnen nichts Selbstgekochtes so gut schmeckt wie gedoptes Fertigfutter.

FISCHSTÄBCHEN, HOMEMADE

TK-Fischfilet oder frischer Fisch, Ei, Mehl,
Paniermehl, Salz,
oder Honig und Sesam

Schneiden Sie ein Kabeljaufilet in Streifen und wälzen Sie die Streifen zuerst in Mehl, dann in einem verschlagenen Ei, dann in Paniermehl, das Sie etwas gesalzen haben. Nun werden die Streifen in viel Butterfett oder Pflanzenöl in der Pfanne goldbraun und knusprig ausgebacken.

Legen Sie die Stäbchen kurz auf ein Blatt Küchenkrepp, damit das überflüssige Fett abgesogen wird. Wer mag, kann mit Zitronenvierteln spritzen. Und wenden Sie die Fischstückchen auch einmal in Honig und danach in Sesam, das schmeckt vertraut und fremdländisch zugleich. Dazu gibt es ein paar Salatgurkenscheiben und Tomatenviertel. Na gut, dann eben keine Gurken.

WÜRSTCHEN IM SCHLAFROCK

Tiefgekühlter Blätterteig, Hackfleisch oder eine
frische Bratwurst

Blätterteiggerichte sind in weniger als zehn Minuten vorbereitet, sie brauchen nur eine etwas längere Garzeit.

Nehmen Sie als Erstes eine Scheibe TK-Blätterteig zum Auftauen aus der Packung dann heizen Sie den Herd auf 220 Grad vor. Jetzt wird das Hackfleisch gewürzt mit Pfeffer, Salz und vielleicht Petersilie; oder mit sehr fein gehackter Zwiebel, Muskat oder Knoblauch; oder mit etwas von allem.

Schneiden Sie das (hoffentlich inzwischen aufgetaute) Teigblatt der Länge nach in der Mitte durch. Wenn die Hälften nicht so breit sind, dass Sie eine Wurst damit umwickeln können, werden sie mit dem Nudelholz oder mit einer Flasche ein wenig ausgerollt.

Jetzt wickeln Sie in jede Hälfte ein Würstchen oder die gewürzten Hackfleischröllchen ein und verkleben die Teigrolle mit etwas Milch. Lassen Sie die Würstchen im Schlafrock 15–20 Minuten im heißen Ofen backen. Dann schneiden Sie die Rollen in Scheiben.

Während der Wartezeit gibt es als Vorspeise eine geschälte, in Stifte geschnittene Karotte, die in selbst gemachten oder fertigen Frühlingsquark gedippt wird.

ARME RITTER, SÜSS ODER PIKANT

2 Scheiben Vollkorntoast, 150 ml Milch, 1 Ei,
1/2 Esslöffel Butter

Milch, Ei und Salz werden in einem Teller verrührt. (Für die süße Variante können Sie die Milch auch mit Vanillezucker oder mit dem guten alten Zimt und Zucker würzen; für die salzige fügen Sie Muskat hinzu und Salz und Pfeffer.) Die Brotscheiben werden hineingetaucht und darin gewendet; sie dürfen ruhig etwas ziehen und durchweichen. Nun schmelzen Sie die Butter in einer Pfanne, die nicht haftet. Brot abtropfen lassen und von beiden Seiten knusprig braun braten. Dann werden diese Brote für die Süßschnäbel mit Apfelmus oder mit Honig bestrichen; die Pfeffernasen bekommen geriebenen Käse darüber.

Und falls Sie übermütig werden, lassen Sie Ihr Kind Mond und Sterne aus dem Toast ausstechen, bevor er gebraten wird.

HAMBURGER

Würzen Sie gemischtes Hack so, wie Sie selbst es mögen: mit Zwiebeln, Ei, einer durchgepressten Knoblauchzehe, einem eingeweichten Brötchen, Salz und Pfeffer. Ihr Kind bekommt eine fertige Frikadelle zwischen zwei Toastbrotscheiben oder Brötchenhälften gelegt, mit einer dünnen Scheibe Käse und einem Salatblatt.
Kinder, die öfter mal selbst gemachte Hackfleischbälle essen, verzichten bereitwilliger auf den fetten Einheitsgeschmack von Mac Burger.

ÜBERBACKENES BROT

Wenn Sie gar keine Lust zum Kochen haben und es schnell gehen muss, weil der kleine Bär vor Hunger jault, überbacken Sie eine Scheibe Brot. Zu diesem Zweck ist es günstig, eingeschweißte Pittabrote aus dem Supermarkt in der Tiefkühltruhe zu haben oder Bauernbrot, Toast, italienische Ciabatta, Baguette oder Brötchen.
Darauf kommen Tomaten, Salatgurken, gekochter Schinken, Kasseler, Salami oder geräucherte Putenbrust; Hartkäse oder Mozzarella – was Sie gerade haben.
Ein paar Tropfen Öl aufs Brot, dann eine Lage Fleisch, ein paar Tomatenscheiben, Käse drüber und ab unter den Backofengrill, wo der Käse langsam schmilzt und eine leckere Kruste bildet.

RISI-PISI

Grundlage dieses Gerichts ist die Zwanzig-Minuten-Version eines Risotto bianco, von dem Sie etwas abzweigen, was Sie am nächsten Tag in zehn Minuten kindertauglich machen.
Kochen Sie einen weich fließenden Risotto aus italienischem Arborio-Reis, der zusammen mit Schalotten in Olivenöl überglänzt und dann mit viel Brühe und Sah-

ne bei niedriger Temperatur gerührt und gegart wird, bis er weich und cremig ist. Ganz zum Schluss wird noch ein Haufen geriebener Parmesankäse untergerührt.
Dieser Risotto passt zu Fleisch, Fisch und Gemüse; besonders gut schmeckt er Erwachsenen, wenn er außer Zwiebeln, Brühe und Sahne auch Knoblauch und Weißwein enthält.
Zweigen Sie eine Kinderportion ab für das hübsche venezianische Gericht Risi-Pisi mit Tiefkühlerbsen und Petersilie, die unter den aufgewärmten, fertigen Reis gehoben werden. Vielleicht muss noch ein wenig Wasser oder Milch an den Reis, damit er wieder schön flüssig wird. Gewürzt wird mit etwas Muskat; und vielleicht haben Sie noch einen Löffel Crème fraîche?
Statt Risotto-Reis können Sie zur Not auch Milchreis nehmen und statt Parmesan anderen frisch geriebenen Hartkäse.

VERRÜCKTE BUSECCA

Eier, gestückelte Tomaten aus der Dose oder Pappschachtel, Butter, gekochter oder roher Schinken, 1 Zwiebel

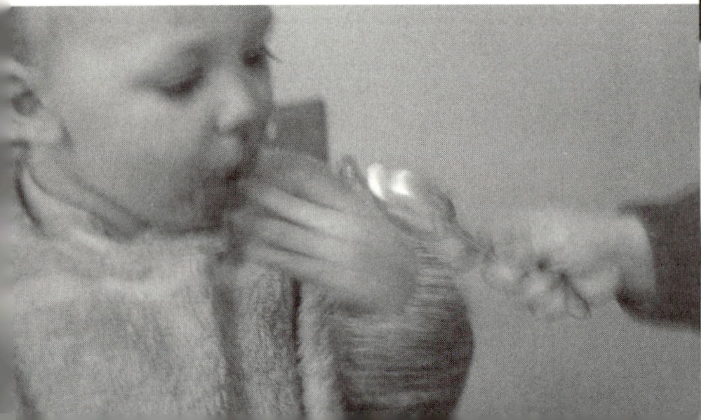

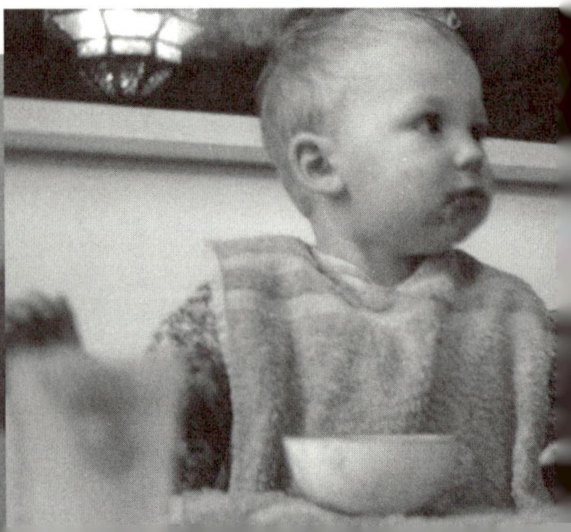

Braten Sie Zwiebelstückchen in etwas Butter an und geben Sie dann eine Tasse Tomatenstücke oder mehr dazu.
Würzen Sie mit Salz und Pfeffer, mit getrockneten, zerrebelten Salbeiblättchen und ein paar Streifen gekochtem oder rohem Schinken.
Die Sauce muss etwa acht Minuten köcheln; in dieser Zeit schlagen Sie ein-zwei-drei Eier, je nachdem wer alles mitisst, in ein Schälchen, pfeffern und salzen die Masse und braten in einer Pfanne ein Rührei mit Butter.
Wenn es fertig ist, schneiden Sie es in Streifen oder Dreiecke und begießen und umgeben es mit der Sauce. Verrückt wird die Busecca genannt, weil sie im Original als dicke Suppe mit Kutteln statt mit Rührei zubereitet wird.

GEBACKENER MOZZARELLA

Kleine Mozzarellakugeln oder Scheiben von einem größeren Stück, Mehl, 1 Ei, Paniermehl, geriebener Käse

Wälzen Sie kleine Mozzarellastückchen oder -scheiben zuerst in Mehl, dann in verquirltem Ei und Paniermehl, das Sie mit Parmesankäse und gehackten Kräutern Ihrer Wahl vermischt haben, und braten Sie sie in der Pfanne von beiden Seiten

ganz kurz, bis sie goldbraun sind und gerade anfangen wollen, aus ihrer knusprigen Umhüllung wegzulaufen.

Füllen Sie etwas warme oder kalte Tomatensauce in den Teller. Der gebratene Mozzarella kommt obendrauf.

GEBACKENER MOZZARELLA AM NÄCHSTEN TAG

Dieses Mal werden die Mozzarella-Stücke mit Salbeiblättchen belegt, mit Parmaschinken umwickelt und dann gebraten. Brot dazu und ein kleiner Salatteller mit Blattsalat, Zitronensaft, Sahne und einer Prise Zucker.

POLENTACREME MIT ROHER, KALTER TOMATENSAUCE

1 Tasse Polenta, 1 Tasse Wasser oder Brühe, 1 Tasse Milch, geriebener Parmesankäse, 1 Esslöffel Butter

Kochen Sie die Flüssigkeit auf, streuen Sie nach und nach den Grieß hinein und rühren Sie kräftig, bis die Konsistenz richtig ist – der Grieß quillt sehr schnell. Sie rühren mit dem Schneebesen und merken, ob noch Grieß oder Milch fehlt, ob die Polentacreme also weicher oder fester werden soll. Dann rühren Sie noch 50 g geriebenen Parmesankäse und die Butter darunter, ruhig auch etwas mehr, wenn Sie mögen.

Lassen Sie die Polenta schön cremig und weich bleiben. Wenn sie noch nachquillt, lässt sie sich mit Milch oder Brühe wieder erhitzen und auflockern, auch am nächsten Tag. Oder Sie lassen sie fest und schneiden rhombenförmige Schnitten heraus, die Sie mit Käseraspeln belegen und überbacken können.

Zu Polenta oder Polentaschnitten passt eine kalte Tomatensauce oder eine Champignonsauce mit Stückchen von gekochtem Schinken.

KALTE, ROHE TOMATENSAUCE

1 Tasse gehackte Tomaten (auch aus der Dose), 1 fingerlanger Streifen Tomatenmark aus der Tube, Salz, Pfeffer, 1 Teelöffel Essig, 1 Teelöffel Zucker

Alles miteinander verrühren, fertig. (Diese Tomatensauce schmeckt besser, wenn sie kräftig gewürzt ist.)

Wenn Ihre Kinder selbst gemachte Tomatensaucen mögen, schadet es ihnen auch nichts, wenn sie zwecks Geschmackssensibilisierung, also nur mal zur Unterscheidung, hin und wieder mit der Ketchupflasche hantieren.

CHAMPIGNONSAUCE

aus groben Pilzstücken, in Butterfett gebraten, zusammen mit Zwiebelringen oder Knoblauch und mit einem Guss Schlagsahne daran.

Wenn Ihr Schlingel etwas gegen sichtbare Pilze hat, dann kommt der große, gefährliche Zauberstab und schnurrt alles in Windeseile mit Salz und Pfeffer zu einer Leckersauce zusammen. Allerdings sollten Sie sie etwas anhübschen mit grüner Petersilie oder anderen Kräutern, weil pürierte Pilzsauce jedes Kind zu sehr unappetitlichen Vergleichen anregt.

KLOTSCH UND BRATZE MIT POMPE

Das klingt für Erwachsene nicht gerade appetitlich, aber schon der Gedanke daran lässt Kinderzungen zucken. Was immer das ist, es muss knusprig, weich und feucht schmecken. Kinder – und lebendige Erwachsene – reagieren fast ebenso stark auf einen überraschenden Geschmack wie auf den Namen eines Gerichts. Er kann poetisch oder komisch oder beides sein, aber er soll Bilder auslösen und unauslöschliche Erinnerungen bescheren. Wann immer Sie also etwas noch nie zuvor Geschmecktes geschaffen haben, sorgen Sie dafür, dass es spätestens bei Tisch einen Namen erhält.

Vorschlag: Fixes Bratwurstgulasch mit Frühlingszwiebel-Sahnesauce und schon fertige, knusprige Semmelknödel von der Rolle. Aber Kartoffelbrei mit Sauce und einem Spiegelei kommt dem auch sehr nahe oder Himmel und Erde mit Wurst oder Boulette (siehe Seite 148).

BRATWURSTGULASCH MIT SAUCE

Eine Bratwurst wird in Scheiben geschnitten und in wenig Butterfett angebraten. 2 Frühlingszwiebeln, zerschnitten, oder Champignons oder dünn geschnittene Salatgurke – was gerade da ist – folgen der Bratwurst. Wenn die Wurst durchgebraten ist, gießen Sie einen Schuss Schlagsahne in die Pfanne und würzen ein wenig nach. Klotsch und Pompe sind fertig. Folgt noch Bratze:

KNÖDEL-ROLLE

10 trockene Brötchen; oder eine entsprechende Menge Baguette; oder Toastbrot; oder frisches weißes Brot.
Etwa 1/2 Liter Milch oder mehr, 3 Eier, Muskat und 1/2 Teelöffel Salz.
Je 1 Esslöffel Petersilie, Zwiebeln

Altes Brot weicht man am besten in heißer Milch ein, dann geht es schnell. Das Brot muss alle Milch aufgesogen haben, aufgegangen und weich sein. Sind noch harte Teile darin, ist mehr Milch oder heißes Wasser nötig.

Der Teig wird gewürzt mit fein gehackten Zwiebeln, Petersilie, Pfeffer, Salz, Muskat, mit den Händen zerdrückt und vermengt. Dann legt man eine Lage von der stärkeren Alufolie aus, bepinselt sie schnell mit Öl und gibt einen Haufen Teigmasse auf die Folie – ungefähr so viel, dass man eine 15 cm lange, nudelholzdicke Rolle drehen kann. Rollen Sie den labberigen Teig zweimal ein – ist nicht ganz einfach, aber nicht verzagen –, dann greifen Sie die Enden und drehen sie in entgegengesetzter Richtung zu festen Zipfeln. So wird auch eine schlaffe Rolle stramm und perfekt.

Wenn Sie drei, vier solche Rollen haben, lassen Sie sie in schwach kochendem Wasser eine halbe Stunde ziehen und dann abkühlen. Sie können eingefroren werden und halten sich auch im Kühlschrank ein paar Tage lang.

Bei Bedarf wird die tolle Rolle ausgewickelt, mit einem Messer schräg in fingerdicke Scheiben geschnitten, die in Butter auf beiden Seiten knusprig und goldbraun gebraten werden.

Das ist Resteverwertung und praktische Vorratshaltung vom Feinsten, und zudem gehört die Rolle zu den Hits auf dem Kindertisch.

PFANNKUCHEN

250 Gramm Mehl, 3 Eier, 1/4 Liter Milch, 1 Prise Salz

Rühren Sie alle Zutaten glatt und lassen Sie die Masse eine halbe Stunde lang quellen. Buttern – oder besser: ölen – Sie ein Pfännchen nicht zu reichlich und gießen Sie eine Kelle voll Teig hinein. Das Pfännchen wird geschwenkt, damit sich der Teig gleichmäßig verteilt und nicht zu dick liegt. Lockern Sie den Pfannkuchen, vielleicht muss noch etwas Fett am Rand nachgegossen werden, und lassen Sie ihn, wenn er auf der Unterseite gut aussieht, circensisch einen Salto in der Luft drehen (mit einem Schwung nach vorne, dann in die Höhe), oder Sie wenden ihn nach Hausfrauenart mit einem Pfannenwender, manierlich und ohne Spritzer.

Sie backen einen dünnen Pfannkuchen nach dem anderen, legen sie auf einem großen Teller übereinander und halten sie im Ofen warm, bis alle fertig sind. Mit Pfannkuchen kann man viel machen:

SÜSS UND SAFTIG

Sie werden, mit Apfelmus oder mit anderem Kompott bestrichen, eingerollt und dann mit Zucker und Zimt bestreut.

SÜSS UND DICK

Eine etwas dickere Schicht Pfannkuchenteig, am besten mit einem zusätzlichen Eischnee, kommt in die Pfanne, und darauf legen Sie kreisförmig dünne Apfelspalten, Birnenscheiben oder Pflaumen, braten den Pfannkuchen unterwärts fertig und stellen ihn dann in den Backofen unter den Grill, wo sich der Teig hebt und die Früchte einsacken. Fehlt nur noch Puderzucker.

KALT UND PIKANT

Bestreichen Sie einen fertig gebackenen Pfannkuchen mit einer Mischung aus Ricotta oder mildem Quark, Salz Pfeffer, Muskat und klein gewürfelten und kurz gebratenen roten, gelben und grünen Paprikaschoten. Aufrollen und in dicke Scheiben schneiden. Das schmeckt warm und auch kalt.

WARM UND WEICH

Die fertigen Pfannkuchen werden mit gedünstetem Spinat belegt, den Sie mit gehacktem Mozzarella gemischt, gesalzen, gepfeffert und muskatiert haben. Rollen Sie ihn auf und legen Sie die Rollen auf kalte oder warme Tomatensauce (siehe Seite 63 und Seite 121).

WARM UND HERZLICH

Braten Sie ein paar Speckstückchen, gekochten Schinken oder geräucherte Putenbrust in Butter an und gießen Sie dann den Pfannkuchenteig darüber.
Hierzu gehört ein grüner Salat mit einer süßlichen Vinaigrette aus weißem Balsamessig und Sonnenblumenöl oder aus saurer Sahne, Zucker und Zitronensaft.

FISCHIG

Zupfen Sie ein paar Stückchen von einem Bückling in den Pfannkuchenteig. Von beiden Seiten braten und mit Blattsalat verzehren.

DICK UND FETT

Hacken Sie viel Petersilie und Spinat fein und mischen Sie es unter den Pfannkuchenteig. Die fertig ausgebackenen Pfannkuchen werden unter einem Tuch warm gehalten, während Sie etwas Hackfleisch mit gehackten Zwiebeln, Pfeffer und Salz in der Pfanne rösten. Nun schichten Sie Pfannkuchen und Fleisch übereinander, bis eine mehr oder weniger krumme Torte vor Ihnen steht. Davon bekommt jeder ein Stück mit oder ohne kalt angerührter Tomatensauce (siehe Seite 63).

AMSTERDAMER PANNEKOEKEN

Das ist ein ganz gewöhnlicher Pfannkuchen, der allerdings so groß ausgebacken wird, dass er den Teller ganz ausfüllt. In einer beschichteten Pfanne zerreißt er wahrscheinlich nicht so leicht; aber wenn es geschehen ist, lässt sich das leicht verbergen.

Liegt er erst einmal auf dem Teller, wird er bis an den Rand mit Leckereien beladen: Es geht los mit knusprigen Speckstreifen, dann kommt ab und zu rundherum ein Klacks saurer Sahne. Hierauf folgen Früchte – also Feigenviertel oder Ananas, Banane oder Kirschen. Oder Apfelmus, Zucker und Zimt werden mit gebratenen Speckstreifen, marinierten Backpflaumen und Tupfern aus geschlagener Sahne abgewechselt. Und Aal liegt neben Apfelmeerettich und Huhn neben Ananas.

Kombinieren Sie kühn Gemüse und Obst, Fleisch und Fisch, aber legen Sie alle Leckereien sorgfältig nebeneinander, sodass es hübsch aussieht und man bei jedem Bissen einen anderen Geschmack in den Mund bekommt.

Sie können freilich auch alle Zutaten auf Schälchen verteilen und jeden seinen Pannekoeken selbst dekorieren lassen. Im Amsterdamer Pannekoekenhuis gibt es dazu schwarzen Kaffee für die Großen. Für die Kleinen ist zum Neutralisieren vielleicht Caro-Kaffee geeignet oder Wasser.

AMERIKANISCHER PANCAKE-BERG

Für 9 Stück

1 1/2 Becher Mehl, 4 Teelöffel Backpulver, 2 Esslöffel Zucker, 1 Prise Salz, 2 Eier, 1/4 Liter Milch, 60 Gramm zerlassene Butter.

Zum Übergießen: 1/4 Liter Ahornsirup

Alle Zutaten werden zusammen mit einem Küchenquirl zusammengerührt und müssen dann 20 Minuten ruhen. Dann werden Pfannkuchen, nicht viel größer als Untertassen, in Butter von beiden Seiten hellbraun gebacken – am leichtesten geht das in einer beschichteten Pfanne.

Legen Sie die Pfannkuchen übereinander und decken Sie sie mit einem Tuch ab, bis alle fertig sind. Dann wird der goldene Sirup über den Berg gegossen, und wenn Sie wollen, kommt noch ein großer Klacks schaumig gerührter Butter auf den Gipfel.

SCHNITZEL, BACKHENDL UND BACKFISCH WIENER ART

1 Ei, Mehl, Paniermehl, geriebener Parmesankäse, Salz, Pfeffer

Eine sehr flache Scheibe Kalbssteak, Putenschnitzel, Schwein oder Hühnerbrust, am besten vom Metzger mit der Aufschnittmaschine geschnitten, wird gewaschen, trocken getupft, gesalzen und gepfeffert, dann in Mehl gewälzt, abgeklopft, in verquirltem Ei und dann in Paniermehl, das mit Parmesan gemischt ist, gewendet. Das Paniermehl muss ganz fest angedrückt werden.

Gebraten wird mit sehr viel heißem Butterfett. Wenn die Panade eben goldbraun werden will, drehen Sie das Schnitzel um, nehmen einen Löffel, halten die Pfanne

schräg und begießen das Schnitzel eifrig mit dem heißen Fett, bis die Oberfläche braun ist; noch einmal umdrehen und die andere Seite begießen, dann das Schnitzel auf einer dicken Lage Küchenpapier abtropfen lassen.
Mit einem Zitronenviertel wandert es auf den Teller. Wer mag, bekommt nach Wiener Art auch ein paar Kapern und eine Sardelle dazu.

CORNFLAKES-PANADE

Cornflakes im Gefrierbeutel mit dem Nudelholz zerbröseln. Das können auch Kinder. Hühnerbeinchen oder Schnitzel waschen und mit Salz bestreuen. Zuerst in Mehl wälzen, dann in einem verquirlten Ei und schließlich in den Cornflakes-Bröseln. Hähnchenkeulen werden in Butterschmalz bis 30 Minuten, ein flaches Putenschnitzel oder Fisch nur ein paar Minuten von allen Seiten gebräunt.

GRÜNE SAUCE FÜR EIER UND KALTES FLEISCH

Mixen Sie eine kalte grüne Sauce aus viel Schnittlauch, Petersilie (und, wenn möglich, anderen frischen Kräutern) und einer Mischung aus Vollmilchjoghurt und wenig Zitronenjoghurt.

KARTOFFELSALAT – GANZ OHNE ÖL

Lösen Sie einen Löffel gekörnte Brühe in einem Becher mit heißem Wasser auf und gießen Sie die Brühe über die heißen Kartoffelscheiben. Schnittlauch, Dill, Frühlingszwiebeln darüber oder nichts von alldem; nur Pfeffer, etwas Weißweinessig und vielleicht 1 starke Prise Muskat. Salz ist wohl nicht mehr nötig. Vielleicht ein Spritzer Maggi? Fertig ist ein schlanker, delikater Kartoffelsalat. Dazu gibt es ein Spiegelei.

Kindergeburtstage

Feten und Feiern

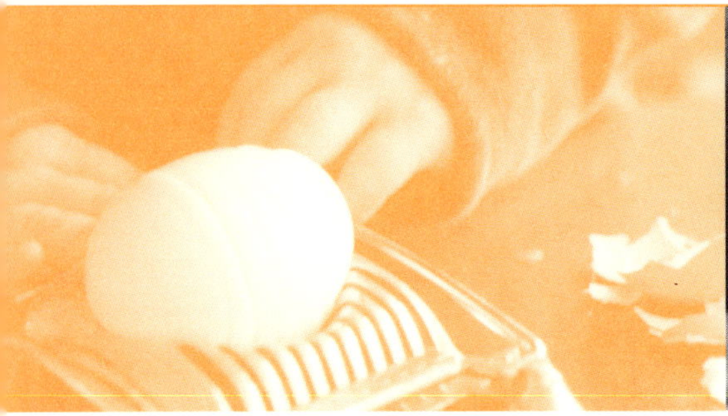

Bis zum dritten oder vierten Geburtstag ist eine Geburtstagfeier genau genommen eher eine Feier für die Mutter. Und das ist auch in Ordnung so, soll sie sich ruhig einmal schon am Nachmittag ein Glas Prosecco gönnen. Die Kinder brauchen nur Säfte und Apfelschorle.

Weil Geburtstag ist, gibt's auch bei Ökos ausnahmsweise Cola und einen Butterkuchen oder halbierte Franzbrötchen. Kleine Stücke, die schnell gemampft sind, und keine Krümelkekse, keine Sahnetörtchen oder Bananen – die reiben die Flegel nur in die Polster.

Mehr als drei Mütter aus der Schwangerschaftsvorbereitung mit ihrer Brut werden nicht eingeladen. Um Spiele braucht man sich nicht zu kümmern, selbst wenn es Winter ist und kein Sandkasten besetzt werden kann. Dreijährige spielen, wie sie wollen, und können sowieso noch nicht abwarten, bis sie mit Topfschlagen wieder an der Reihe sind. Also versuchen Sie gar nicht erst, Regie zu führen, dann brauchen Sie auch nicht so herumzukreischen.

Die Kinder machen sich über das Spielzeug des Geburtstagskindes her, raufen und schreien eine Weile und sind dann mit einem kleinen Video-Zeichentrickfilm zu besänftigen. Dazu gibt es Getränke oder Apfelspalten, und wenn Sie gute Nerven haben, zaubern Sie Popcorn. Nun haben die Mütter eine halbe Stunde Ruhe und können heimlich rauchen.

Sind Ihre kleinen Gäste auch um halb sechs noch da, bieten Sie ihnen (und den Müttern) vielleicht noch eine salzige Kleinigkeit mit Spiel-Appeal an.

ZUPFGEMÜSE: ARTISCHOCKEN

Pro Kind 1 Artischocke, Schmand, saure Sahne oder Vollmilchjoghurt, frisch gemahlener schwarzer Pfeffer

Artischocken finden die meisten Kinder mit drei oder vier Jahren sehr attraktiv. Sie sehen hübsch aus und wollen auf kinderfreundliche Art – nämlich mit den Fingern – verspeist werden.

Artischocken garen in viel gesalzenem Wasser im größten Topf in etwa 30 bis 40 Minuten. Dann tropfen sie ab und können ruhig auskühlen und zwei Tage im Kühlschrank aufgehoben werden; sie schmecken auch kalt: Wenn sie aber warm sein sollen, legt man sie eben wieder für fünf Minuten in kochendes Wasser.

Ein simpler Dip, der gut dazu passt, ist Schmand oder Crème fraîche oder auch ein milder Joghurt, mit frischem schwarzem Pfeffer bestreut. Aber auch eine schöne gelbe, mit Kurkuma gewürzte Knoblauchmayonnaise (siehe Seite 76) wird selbst ein Kleinkind nicht verachten. Kinder laden sich die Sauce sowieso nicht so fett auf, sondern stippen nur ganz zierlich mit dem Blatt hinein, denn die Geste ist ihnen fast so wichtig wie das Essen. Sorgfältig entblättern sie die seltsame Frucht und lassen sich viel Zeit dabei.

Vielleicht müssen Sie den Kindern helfen, die hellen, harten Blätter und das Heu vom Artischockenboden zu entfernen; das können Sie aber auch schon vorher tun. Brechen Sie den Stiel ab und kappen Sie mit einer starken Küchenschere die oberen Blätterspitzen der rohen Artischocken; dann werden sie gekocht. Anschließend zupfen Sie sich von oben durch die hellen Blättchen zur Mitte durch und fingern das faserige Heu heraus.

In diese Höhlung kann auch der Dip gegossen werden. Dann ist die Artischocke zugleich der Saucenbehälter, und Sie sparen Geschirr.

KNOBLAUCHMAYONNAISE

Eine selbst gerührte Mayonnaise geht schnell und hat nicht die spezielle Säuernis von konservierter Mayonnaise. Mit einem Schneidstab gelingt sie auch Anfängern. Stellen Sie Eier, Öl und Zitrone im Kühlschrank für eine halbe Stunde kalt. Greifen Sie zu einem hohen, schmalen Behälter und geben Sie 2 ganze Eier, 1/4 Liter Öl, 1 Teelöffel Zitronensaft, Salz und frisch gemahlenen Pfeffer dazu. Nun halten Sie den Schneidstab (nicht das Rührgerät!) in den Behälter und schnurren alles auf einen Rutsch auf höchster Stufe durch, bis es eine dicke, weißliche Creme geworden ist. Die Mayonnaise ist fertig. Sie wird fester, wenn Sie noch mehr Öl dazugeben, und wenn sie Ihnen zu fest ist, strecken Sie sie eben wieder mit einem Esslöffel voll Wasser.

Für eine Knoblauchmayonnaise wird der Knoblauch (so viel Sie mögen) in einem Arbeitsgang gleich mit zerkleinert. Um der Knoblauchmayonnaise ein wenig von der Schärfe zu nehmen, sie etwas milder zu gestalten und sie optisch zu verändern, rühren Sie noch einen langen Streifen aus der Tomatenmarktube darunter.

TISCHGRILL

Der Tischgrill war in den fünfziger Jahren Mittelpunkt eines Buffets und wurde von denen, die ihn kennen, auch noch später eingesetzt, vor allem bei Kindergeburtstagen. Menschen zwischen vier und sechzehn Jahren, vielleicht auch noch länger, macht er großen Spaß.

Schneiden Sie eine flache Mulde in die Oberseite eines dicken Weiß- oder Wirsingkohls. Auf der gegenüberliegenden Seite wird der Strunk flach abgeschnitten, damit er nicht kippelt. In die Mulde legen Sie ein oder zwei Stücke Trockenspiritus, nicht mehr, die ein klitzekleines offenes Feuer ergeben.

Achten Sie darauf, dass kleine Kinder nicht auf den Tisch krabbeln und sich über das Feuer beugen. Alle müssen um den Tisch herum stehen bleiben, damit sie mit ausgestreckten Armen ihr Würstchen grillen können. Die anderen Mütter sollen gefälligst mit aufpassen.

Schichten Sie kleine Cocktailwürstchen auf einen Teller. Das sind daumenlange Wiener, die auch kalt schmecken, falls die Geduld der Kleinen nicht reicht.

Neben den Würstchen steht ein Becher, in dem die langen hölzernen Schaschlikspieße stehen – zum Aufpiken, als Grillbesteck. Zu den Würstchen gibt es mittelscharfen und süßen Senf, ein Flaschenketchup von Heinz und gebutterte Toasts.

ALTERNATIVER CHIPSTELLER

Chips sind nicht gleich Chips. Die selbst gemachten schmecken ebenfalls richtig gut und knusprig, und sie können dezenter gesalzen werden als die eingetüteten, völlig verwürzten und fettgetränkten Kalorienbomber.

3 alte, große Kartoffeln, 2 Teelöffel Olivenöl,
1 Teelöffel frische Rosmarinnadeln, Salz, Pfeffer

Die ungeschälten, aber unter Wasser abgebürsteten Kartoffeln werden im Ofen bei Mittelhitze ungefähr eine Stunde lang – eher ein bisschen länger – gebacken, bis sie weich sind.

Holen Sie die Kartoffeln heraus und stellen Sie nun die Ofenhitze auf volle Kraft voraus. Schneiden Sie jede Kartoffel in sechs Spalten, dann können Sie mit einem Teelöffel leicht das Kartoffelmus herausholen und aufheben oder wegwerfen. Versuchen Sie, die Kartoffelschale dabei nicht kaputtzumachen. Mit Öl bepinseln, auf einem Blech verteilen, Salz, Pfeffer und Rosmarin darüber streuen und im nun sehr heißen Ofen 20 Minuten lang backen, bis die Schalen knusprig sind. Raschelnd verschwinden sie im Kinde.

KinderFETE für Schulkinder

Kinder ab sechs Jahren sind schon sehr vergnügungssüchtig und wollen etwas geboten bekommen. Irgendein Vergnügungsevent, kleine Geschenke, etwas Ordentliches zu essen und Unmengen zu trinken werden erwartet.

Ein Nachmittag in einem der großen Vergnügungsparks, inklusive einem Würstchen und einer Cola pro Nase, kommt immer gut an, wird aber teuer, wenn alle guten Freunde eingeladen werden.

Erkundigen Sie sich auch in städtischen Schwimmbädern nach Geburtstagsfeiern, die dort organisiert werden. Auch manche Museen sind mit Rallyes und Ratespielen, Gewinnen und Imbiss bestens präpariert, die Blicke von Kindern wenigstens für Sekunden auf historisch bedeutungsvolle Exponate zu ziehen.

Wenn Sie zu Hause feiern – in der Stadt, mit Verkleidungsspielen, Häuserblock-Rallyes und Video-Session –, brauchen Sie gute Nerven; aber ab zwölf Jahren verschwinden die Kinder meistens ins Kino, und Mama muss nur für den Geburtstagskuchen und eventuell einen einfachen Imbiss am Abend sorgen. Auf dem Lande hat man es da vielleicht leichter.

GEWINNSPIEL: GESCHMACKSTEST

Mit verbundenen Augen wird gerochen: an gemahlenem Pfeffer, an Zitronen, an Pudding, an Senf, an Kaffee, an Knoblauch, Marmelade, Ketchup, an ganz hart gekochtem Ei – was immer Ihnen einfällt.
Was ein Kind nicht errät, das darf es probieren. Wer alles errät, bekommt einen Preis.

BUFFET FÜR KIDS

Frikadellen, Fladenbrot und rohes Gemüse, in Knabberstangen geschnitten, kann man in verschiedene Dips tauchen.
So kommt eine bunte Mischung auf dem Tisch zusammen, ohne dass Sie viel kochen müssen. Sehr begehrt sind auch leicht angebräunte weiße Pizzateigstücke, die in der Pfanne auf dem Herd gebacken werden:

WEISSE KRÄUTERPIZZA AUS DER PFANNE

1 Tasse Mehl, 3/4 Tasse kochendes Wasser,
Salz, Gewürze

Verrühren Sie Mehl, etwas Salz und Wasser schnell zu einem Teig. Auf einer bemehlten Oberfläche kneten Sie ihn, bis er geschmeidig ist. Walzen Sie eine Rolle wie eine Wurst, von der Sie gleichmäßige Stücke abkneifen, ungefähr zwei Finger breit.
Rollen Sie die Stücke nun auf einer gut bemehlten Fläche hauchdünn aus, nicht größer als Ihr Pfannenboden. Legen Sie den Teigfladen in die heiße, leicht gefettete Pfanne, wo er allerdings sehr schnell ankokelt und Blasen wirft – dann muss er

schleunigst gewendet werden. Der Fladen wird während des Backens von beiden Seiten sparsam gesalzen, aber mit gehacktem Rosmarin, Oregano und Thymian bestreut. Das duftet schon beim Backen herrlich, und die warmen, in Dreiecke oder andere Formen geschnittenen Pizzen schmecken den Kindern ebenso wie den Erwachsenen. Die können Wein dazu trinken.

Rasch noch ein Schälchen mit Oliven und eines mit geknofeltem Olivenöl zum Eintauchen auf den Tisch, und Behagen breitet sich aus.

PIZZA CAPRIOSA

Als Grundlage können auch Pittabrote dienen. Oder Sie kaufen fertigen Pizzateig. Falls Sie lieber tiefgekühlten Blätterteig nehmen, rollen Sie ihn auf drei Bleche aus. Dann plündern Sie ihre Käsevorräte oder legen Salami, Schinken, Paprika, Tomaten – was Ihnen gerade entgegenfällt – auf den ausgerollten Teig. Die Kids mampfen alles weg, wenn es nur mit Mozzarella überbacken ist.

Oder stellen Sie drei, vier Schälchen mit verschiedenen Inhalten auf, dazu ein Schälchen mit Mozzarella-Scheiben oder mit geriebenem Emmentaler Käse oder

Gouda. Dann können sich die Kinder ihre Pizzateile selbst belegen und auch nach dem Backen wiedererkennen, denn Kinder können gar nicht anders, als eigenwillige Muster oder chaotische Häufchen zu legen.

WÜRSTCHEN-SCHNAPPEN

Zwei Kinder stellen sich je auf einen Stuhl und halten eine Wäscheleine, an der paarweise Wiener Würstchen hängen. So kann sich jeder – mit den Händen auf dem Rücken – sein Würstchen mit dem Mund schnappen, falls die beiden Leinenhalter nicht zu sadistisch sind. Dazu passt ein

NUDELSALAT NACH SCHMECKBACKENART

Kochen Sie einen Berg Nudeln, am hübschesten sind Farfalle, und geben Sie reichlich gehackte Gewürzgurken dazu, fein geschnittene Frühlingszwiebeln, jede Menge, und rote, gelbe Paprikaschoten, kurz und klein verhackt. Auch Mais und

Erbsen aus der Dose werden geschätzt. Dann wird alles mit einer Art American Dressing vermischt:
Eine Mayonnaise aus dem Glas wird mit Joghurt aufgemischt und mit Salz und Pfeffer, mit Senf, Ketchup, Tabasco, Zitrone und Zucker kräftig abgeschmeckt.
Diesen Salat mögen alle von siebzehn Jahren abwärts. Da haben sie nicht viel zu rätseln und zu kauen und zu bewundern. Das erkennen sie, es ist appetitlich bunt, süß und sauer, alles schmeckt pikant und nicht zu fein und ist schnell verschluckt.

EIER VOM MOND

Diese Eier werden am besten am Vortag zubereitet. Erst werden sie gekocht, bis sie hart sind, das dauert 10 Minuten, dann kühlen sie in kaltem Wasser ab. Nun werden sie von Kinderhand mit dem Löffel ringsherum angeschlagen, sodass die Schale zerbricht und Risse bekommt. Es gibt verschiedene wirksame Methoden, die Eier zu färben.
Entweder man legt sie auf Zwiebelschalen, bedeckt sie mit Wasser und lässt sie etwa 1 Stunde lang sanft kochen, so lange, bis das Wasser dunkelbraun ist. Fertig.
Oder Sie bedecken die Eier mit Wasser, das mit Lebensmittelfarbe gefärbt ist. Der Topf bleibt einfach über Nacht stehen.
Die Eier werden nun geschält und haben geheimnisvolle rote, grüne oder blaue Maserungen auf der Oberfläche. Sie werden mit sehr gelber oder rosa Mayonnaise verspeist (mit Currypulver oder mit Tomatenmark gefärbt), mit einem Kartoffelsalat (siehe Seite 71 und 83) oder mit einer Sauce aus Joghurt, Honig und körnigem Senf.

SATTE SAUCE FÜR KARTOFFELSALAT

5 hart gekochte Eier, 1 rohes Ei, 1 Tasse Öl, 1 Tasse saure Sahne, 1 Hand voll Gurken, ein paar Schalotten, 1 Teelöffel Senf, Pfeffer, Salz

Küchenschnurrer anstellen, erst die Eier, dann langsam in dünnem Strahl das Öl und dann die anderen Zutaten nacheinander hineinwerfen. 3 Minuten laufen lassen, fertig.

KÄSE-JOGHURT-DIPS, FIX GERÜHRT FÜR BROT, GEMÜSE, FLEISCH, FISCH UND EIER

Frisches Fladenbrot und zwei, drei Dips, dazu einen Teller mit Radieschen und einen mit Salamischeiben und Käse: Das ist für manche Kinderrunde und auch für Teenies schon genug.

FISCHIGER DIP

1 Brocken Schafskäse, etwa 3 cm dick, Joghurt oder Milch zum Glätten, 1 Knoblauchzehe, 1 Dose Thunfisch

Alles wird bei hohen Umdrehungen in der Küchenmaschine überarbeitet.

BUNTER, SCHARFER DIP

1/2 Knoblauchzehe, viel Cayennepfeffer, etwas Zucker, rote, grüne und gelbe Paprika, Schafskäse und Milch

Würfeln Sie Paprika sehr fein und mischen Sie die bunten Würfelchen unter die fertige, in der Maschine geglättete Käse-Knoblauch-Paste.

GRÜNER KÄSE-DIP

1 Becher (200 Gramm) Joghurt, 2 Esslöffel Basilikum-Pesto aus dem Gläschen, 1/4 Tasse geriebenen Parmesan

Alles mit der Gabel zusammenrühren und in ein nettes Schüsselchen füllen.

ERDNUSS-DIP FÜR FEUERSPUCKER

1 Becher (200 Gramm) Joghurt, 2 Esslöffel Erdnussbutter, ein bisschen Zitronensaft, ein bisschen Sojasauce, Zucker und Tabasco oder Cayennepfeffer nach Geschmack

Rühren Sie aus allen Zutaten eine Sauce zusammen. Sie passt, wenn sie nicht zu scharf ist, auch gut als Marinade über Feldsalat und ist ein feuriger süß-scharfer Dip für Fleisch, Brot oder Gemüse.

EINFACHER KNOBLAUCH-DIP

1 Becher (200 Gramm) Joghurt, 1 durchgepresste Knoblauchzehe, 1 Esslöffel Olivenöl, Pfeffer, Salz

Alles zusammenrühren.

GRÜNER KRÄUTER-DIP

Ein Zitronenjoghurt oder ein Vollmilchjoghurt mit Zitronensaft und Zucker wird mit allem, was Sie an Kräutern klein hacken können, grün gefärbt – mindestens mit viel Petersilie und Schnittlauch.

VARIATIONEN:

Verrühren Sie auch Joghurt mit roter Sweet Chili-Sauce, die es in Flaschen im Supermarkt gibt. Und probieren Sie asiatische und indische Gewürzpasten wie Tandoori und Curry mit Bananenmus aus.

Die Teenie-Party

Die eigenen Kinder sind zwar irgendwann keine Kinder mehr, aber solange sie mit Mamapapa in Wohngemeinschaft leben, bleibt der Begriff Kind doch mehr oder weniger elastisch. Ob man ihn verwendet, das hängt von Toleranz, Tagesform und Taschengeld ab.

Wenn Ihre Teenies zu Hause eine Fete feiern wollen, können sie die Einkäufe selbst erledigen und alles aufbauen. Dafür sind sie alt genug.

Sorgen Sie nur für genügend Teller, Gläser und Papierservietten und machen Sie Vorschläge. Zum Beispiel ist eine große Platte mit Salami und gekochtem Schinken bei allen beliebt. Ein Brocken Käse auf einem Brett und eine Schale mit Oliven werden immer verputzt. Ein oder zwei Dips (siehe Seite 83 bis 84) sind nett, aber noch nicht einmal nötig. Dagegen sind viele Fladenbrote oder warme Baguettes sehr willkommen. Rein kochtechnisch ist das ein einfaches, gutes Buffet, das allen schmeckt; mehr Aufwand lohnt sich für eine Teenie-Party kaum. Sie wissen ihn nicht zu würdigen, denn sie nehmen das Essen nicht sehr wichtig. Die meisten von ihnen haben noch erziehungs- oder pubertätsbedingte Feinschmeckstörungen; sie sind zimperlich, mögen kein Gemüse oder am liebsten Pizza und MacBurger. Sie müssen diese Jungbarbaren nicht unbedingt an einem Abend erziehen. Also kaufen Sie eben Cola, Fanta und fertige Pizza aus der Tiefkühltruhe. Stellen Sie ruhig Pappteller hin, denn die Kids werden sich sowieso nicht manierlich setzen, sondern alles auf den Knien balancieren. So entfällt später auch die Spülerei. Das ergibt einen großen Müllberg, aber der entsteht ja nur ausnahmsweise.

Wenn Sie oder Ihre Kinder aber Lust haben, etwas zu kochen, sollte es Fingerfood sein von der Art, wie man es auch für ein Picknick richtet. Suchen Sie sich aus den folgenden Vorschlägen etwas aus.

FLEISCHKLOPSE

Braten Sie in Butterfett nach und nach einen Berg kleiner Frikadellen, die man auf einen Haps verspeisen kann, aus. Selbst wenn sie kalt sind, schmecken sie noch gut.

1 kg gemischtem Hack, 3 klein gehackten Zwiebeln,
2–3 aufgeweichten und ausgedrückten Brötchen, 2 Eiern,
Salz und Pfeffer

HÜHNERFLÜGEL

Viele Hühnerflügel (etwa so viele wie die erwarteten
Gäste) oder die Hälfte an Hähnchenschenkeln,
am Kniegelenk zerteilt, 2 zerdrückte Knoblauchzehen, fast
1 Glas weiche Erdnussbutter, 1 Esslöffel Sojasauce,
1 Esslöffel Honig, etwas Wasser

Die Flügelspitzen abschneiden und entsorgen. Dann marinieren Sie die Flügel über Nacht in einer Sauce, die Sie aus den übrigen Zutaten zusammengerührt haben.
Vor dem Fest werden die Flügel im heißen Ofen bei 175 Grad 35 Minuten in etwas Öl gebacken.
Papierservietten nicht vergessen!

WIENER WÜRSTCHEN

lassen sich in der Mikrowelle erhitzen, wenn man sie vorher mehrmals mit einer Gabel anpikst – sonst explodieren sie. Senf gehört dazu und Brot.

RIPPCHEN

Grillrippchen vom Schwein, Worcestersauce, Senf, Sojasauce, Ketchup, Honig, fein gehackte Zwiebeln, Salz, Pfeffer

Die Rippchen werden sorgfältig mit der Marinade aus allen Zutaten einmassiert und braten dann bei 220 Grad 1 1/2 Stunden lang im Ofen.

Zwischendurch werden sie gewendet und bestrichen, wobei sie ganz braun, ganz knusprig werden.

Zur Organisation

Irgendwann sollten Sie anfangen, das Feld zu räumen und Ihre Kinder allein feiern zu lassen. Teenies sind schließlich nicht grundsätzlich eine besonders leichtfertige und ungehobelte Spezies.

Vielleicht benehmen sich Ihre Kinder wirklich anständig, dann sollten Sie sich beglückwünschen. Meistens aber können die eigenen Kinder gar nicht überblicken und verantworten, was sich ihre Gäste und deren spontan mitgebrachten, uneingeladenen Freunde alles einfallen lassen. Wenn dann noch Alkohol im Spiel ist, und davon kann man bei Sechzehnjährigen fast ausgehen, ist der Überblick nur schwer zu behalten. Trotzdem sollte man es früh wagen, sich unsichtbar zu machen. Widmen Sie Ihre Mühe nur der Schadenabwendung.

Kündigen Sie laut an – und sagen Sie es auch den anderen Eltern –, dass Sie den Alkohol selbst bereitstellen. Kaufen Sie ausreichend Bier, vielleicht auch Wein, Cola, Saft und Wasser. Nur so verhindern Sie, dass die Kids unterwegs am Kiosk ein teuflisch buntes Sortiment aus Schnaps, billigsten Schaumweinen und Likör zusammenkaufen.

Auch den Umgang mit Alkohol müssen sie lernen.

Durchsichtige Plastikbecher sehen appetitlicher aus als weiße. Die Jungs und Mädels benutzen pro Abend etwa elf Gläser, denn sie stellen sie irgendwo ab und nehmen sich dann ein neues, weil sie das letzte sonst erst wieder suchen müssten.

Hängen Sie in jeden Aufenthaltsraum einen großen blauen Müllsack. Stellen Sie Aschenbecher auf, wo immer Platz ist, am besten große Schalen, denn die Brüder und Schwestern hocken sonst gern um einen einzigen herum und versuchen dann, auch aus weiter Ferne zu treffen.

Vorbeugend die Teppiche einzurollen ist nicht unbedingt ratsam. Möglicherweise sauen Ihnen die Kids gerade dann alles ein, weil sie auf eine ganz entspannte Popcorn-Schlacht verfallen.

Halloween Party: Geschmacklose und gruselige Anregungen

Das Fest kommt aus den USA, wo man inzwischen sowohl die Dekoration als auch die Verkleidungsauftritte gruselmäßig perfektioniert hat. Da gibt es Spinnwebfasern zu kaufen, die durch die ganze Wohnung gezogen werden können, und Insekten in allen Größen, die sich darin verfangen. Vielleicht finden Sie die inzwischen auch hier.

Ausgehöhlte Kürbisfratzen auf der Fensterbank sind sehr hübsch und geben ein schönes Licht. Wechseln Sie ein paar Glühbirnen gegen ultraviolette Birnen aus, aber dekorieren Sie bloß nicht zu viel.

Der Tisch wird mit Packpapier bespannt und alles, was an Essbarem darauf steht, wird mit Zeitungspapier, Packpapier und braunen Gemüsetüten umwickelt – nur hier und da reißen Sie die Verpackung verführerisch ein bisschen auf. Überall blitzen nur kleine bunte Dinge hervor, die ausgegraben werden wollen!

Ob der Tisch auch im Schmuck vieler, vieler Plastiktüten gut aussieht, hängt von Ihrer Kollektion ab. Eine Dekoration dieser Art kann auch danebengehen und so unappetitlich wirken wie ein echter Müllhaufen. Aber an Halloween ist das ja in Ordnung.

Sie können auch alles in den Räumen lassen, wie es ist, und nur für ein paar Irritationen sorgen. Zum Beispiel liegt im sonst säuberlichen Partyraum in einer Ecke eine 100-ml-Einwegspritze, ohne Kanüle, wie für Elefanten geschaffen – die sieht fürchterlich aus. Oder ein paar verwirrte Mullbinden und fiese Pflaster, auch Plastikflaschen mit farbigen Lösungen werden scheinbar hastig und unordentlich unter den Schrank gekickt und hinter Sofakissen verborgen.

Tragen Sie nicht zu dick auf, sonst wirkt alles zu brutal. Dekorieren Sie eher etwas spießig und adrett, mit Nippes und Deckchen und Blümchen und allen Ingredienzien einer reinlichen, perfekten Häuslichkeit. Der unheimliche Schmuddel darf erst auf den zweiten und dritten Blick bemerkt werden; nur dann ist es wirklich gruselig und erschütternd.

Eine andere Möglichkeit besteht darin, gar nichts zu machen. Keine Deko.

Als sei gar nichts los. Nur wer irgendwann ins Bad geht, wird die Blutspur sehen, die hinter dem geschlossenen Duschvorhang verschwindet. Oder in der Badewanne.

Auch bei der Verkleidung ist weniger mehr. Es genügt vollauf, sehr bleich zu sein und einen feinen Schlauch, der auf der Brust fixiert ist, aus dem Hemd heraus in eine äußere Tasche zu führen. Oder, schlimmer noch, aus der Hose. An dem Schlauch hängt ein Plastikbeutel oder eine Flasche mit grünlicher Flüssigkeit. Dazu ein fahles Gesicht, Hausschuhe und Anzug oder Kostüm – als sei man aus der Intensivstation entflohen.

GAR FÜRCHTERLICHE SPEISEN

Zwischen ganz normale, appetitliche Speisen werden ein paar wüste Überraschungen platziert.

WABBELHAND

Rühren Sie Götterspeise mit etwas weniger Wasser an, als auf der Packung angegeben, und füllen Sie damit einen umgedrehten Gummihandschuh. Nun muss die Hand eingefroren werden. Wenn die Speise hart ist, können Sie vorsichtig eine grüne Hand herausflutschen lassen.

BLUTENDES HERZ

Hierbei handelt es sich um eine Torte, die wie die Geburtstagstorten auf Seite 94 zubereitet wird.

Vier Tortenböden werden übereinander gelegt. Am besten stellt man sich für die Herzform aus Papier eine Schablone her und schneidet danach alle vier Böden auf einmal aus.

In die zwei mittleren Böden wird nun ein mindestens handflächengroßes Loch geschnitten; es darf auch eckig sein. Legen Sie drei Böden übereinander und pinseln Sie das Loch mit geschmolzener Blockschokolade aus. Kalt stellen, bis die Schokolade richtig hart ist. Nun wird das Loch rot gefüllt – entweder mit Sirup, der dann beim Anschnitt auf einmal über den Tisch pladdern wird, oder mit Kirschsaft, den Sie mit Mondamin angedickt haben.

Es geht sicher auch mit einer Marmelade, die ein wenig mit Wein verdünnt wurde; Sie können auch ein Glas fertiger roter Grütze verwenden. Da sind dann sogar Brocken drin, pfui Deibel!

Obenauf legen Sie nun wieder den vierten Boden; er bedeckt das Loch. Jetzt folgt die Marzipanumhüllung – sacht, sacht, denn der Inhalt schwappt womöglich. Zuckerguss mit roter Lebensmittelfarbe macht das Herz perfekt.

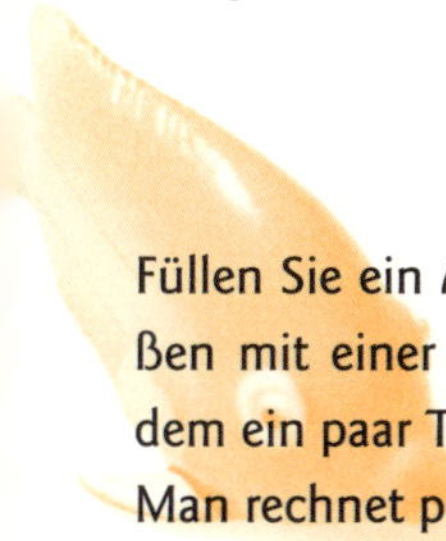

GELEEMEER

Füllen Sie ein Aquarium entweder mit grüner Götterspeise oder für die ganz Großen mit einer selbst abgeschmeckten Curaçao-Wein-Mischung; oder mit Wein, dem ein paar Tropfen blaue Lebensmittelfarbe beigemischt wurde.
Man rechnet pro Liter Flüssigkeit 12 Blatt oder 18 Gramm gemahlene Gelatine, die erst kalt eingeweicht und dann in heißer Flüssigkeit gelöst wird, wenn es ganz fest werden soll. Während das Gelee erstarrt, lassen Sie in Abständen kleine Playmobil-Taucher, Plastikfische oder Kraken in das Aquarium gleiten.

DRECKHAUFEN

Kochen Sie mehlig kochende Kartoffeln mit der Schale. Wenn sie gar sind, werden sie gepellt. Ein üppiger Schuss Olivenöl, außerdem 1 bis 2 durchgepresste Knoblauchzehen, Salz und Pfeffer gehören daran. Mit einem Kartoffelstampfer zermusen Sie die Kartoffeln; dann wird der Berg eingefärbt – am besten schwarz mit Sepiatinte, die man im Fischhandel bekommt.
Wenn Sie auf dem Berg noch eine Hand voll schwarzer Olivenstückchen verteilen, sieht das Ganze schrecklich aus. Schmeckt aber prima.

Virtuose Bäckerei

Fast in jeder Region auf der Welt gibt es eigene Traditionen, spezielle Dekorationen aus Lebensmitteln herzustellen, nicht nur für Festtage. Diese Traditionen entwickeln sich ständig fort. Fischten sich Kinder in den fünfziger Jahren noch entzückt den eigenen Namen aus den Buchstabennudeln an den Tellerrand, können sie heute Tannenbäume, Flugzeuge und Fahrräder aus der Brühe löffeln.

In Paris findet man einen berühmten Brotladen, in dem Brote in Pflanzen-, Menschen- und Tierform gebacken werden. In New York backt ein Bäcker Erotisches in Brot und Kuchenform. In Malaysia bringen manche vegetarische Restaurants ihre Speisen in Gestalt von Hühnchen, Gans und Schwein auf den Tisch.

Nirgendwo wird Gemüse so kunstvoll arrangiert wie in Japan, wo diese Kunst schon zur Grundausbildung eines Kochs gehört. In Japan werden Spitzendeckchen aus Rettich geschnitzt und Fischernetze samt Fang aus einer einzigen Karotte.

Im Mittelalter spielte man viel mit Zucker. Es soll ein Festmahl in Venedig gegeben haben, wo das gesamte Essen aus Zucker bestand, auch Teller und Terrinen, sogar die Gläser.

In Mexiko werden heute noch zum Allerseelentag zuckrige Totenschädel verkauft. Isst man sie? Oder verstauben sie auf der Anrichte? Auf Bali werden dem Gott des Rheumatismus ganze Körper aus bunt gefärbtem Reis auf die Straße gelegt. Darüber freuen sich auch die balinesischen Straßenköter.

Meistens sind es die Backprofis, die sich spielerisch ans Werk machen; im Haus wird seltener kreativ gebacken. So verschwinden langsam deutsche Knusperhäuser, deren Duft früher in der Adventszeit durch die Schlüssellöcher zog. Ebenso der harte Nikolaus (mit Tonpfeife an der Backbrust) oder der weiche Osterhase aus Hefeteig.
Hochzeitstorten sind auch hierzulande hoch getürmt. Nur Geburtstagstorten bleiben einem nicht durch ihre Gestalt in Erinnerung, sondern durch ihren Geschmack.
Backen Sie gern? Dann verschaffen Sie Ihren Kindern Erinnerungen an Hochhäuser mit King Kong auf dem Dach; lassen Sie die Titanic noch einmal untergehen, backen Sie einen Computer und bauen Sie ein Stadion für die Fußballkarten, die Sie verschenken – daran wird sich jemand noch Jahrzehnte später erinnern ... Wie an jenes Fiasko, als der spanische Osborne-Stier mit dem Schaschlikspießgerüst, für Max und seine spanische Liebe gebacken, über Nacht von Ameisen heimgesucht wurde, und weil der Stier dunkelbraun war, brauchte man das den Gästen nicht zu erzählen. Und im gedämpften Licht der Halloween-Party haben zwei Leute in dem grünen, vollen Aschenbecher ihre Zigaretten ausgedrückt. Erst dann haben sie gemerkt, dass das ein Kuchen war – mit Marzipanzigaretten, an denen rote Lippenstiftspuren aus Zuckerguss klebten, und die Asche bestand aus gemahlenem Mohn.

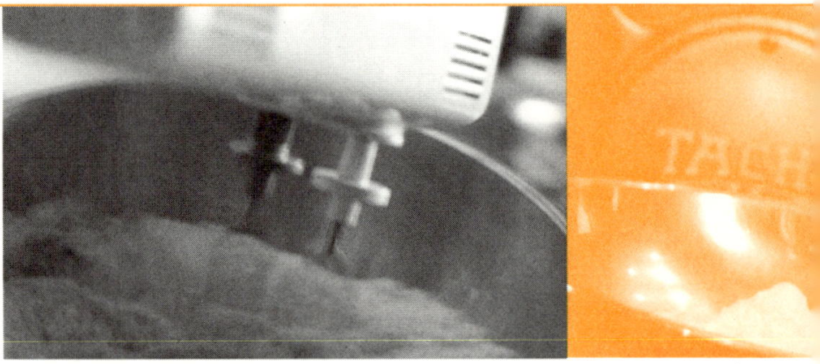

GEBURTSTAGSKUCHEN

Wie man einen Hochzeitskuchen backt? Oder das Empire State Building? Das Prinzip ist einfach: Immer übereinander! Es kommt nur auf die äußere Gestalt des Kuchens an, er braucht nicht übermäßig delikat zu sein.

Als Baumaterial gibt es dafür beim Bäcker und sogar im Supermarkt Biskuitböden, dunkle und helle, zu kaufen; ebenso Zitronenkuchen und Marmorkuchen in Brikettform. Auch fertige, eingeschweißte Waffeln sind akzeptable Materialien. Die Backarbeit kann man sich also sparen, denn die fertigen Kuchen können noch verfeinert werden, indem der Teig zum Beispiel mit Sirup getränkt, mit Puddingcreme gefüllt oder für Ältere mit Likörchen beträufelt wird.

Die Hauptsache ist die äußere Pracht. Aber für alle Anfälle von Backwahn steht weiter unten ein sehr taugliches Standardrezept – das kann sich sogar eine Küchenschlampe merken.

Entscheiden Sie sich für einfache, möglichst liegende Formen; sonst müssen Sie Gerüste aus besagten Schaschlikstäben bauen, was Sie tief in der Nacht, wenn die Zeit knapp und die Weinflasche leer ist, zur Verzweiflung treiben kann.

Der Vorteil von Fertigtorten ist, dass Sie einen Fehler wieder gutmachen können, wenn Sie sich ein paar haltbare Reservetorten geleistet haben. Sie reißen einfach ein neues Paket auf, stapeln hoch und schneiden einen Koffer neu zu, falls Sie eine Reise verschenken wollen und die Bikinischönheit unterm Sonnenschirm irgendwie verschnitten und bekloppt aussieht (siehe auch Blutendes Herz auf Seite 92).

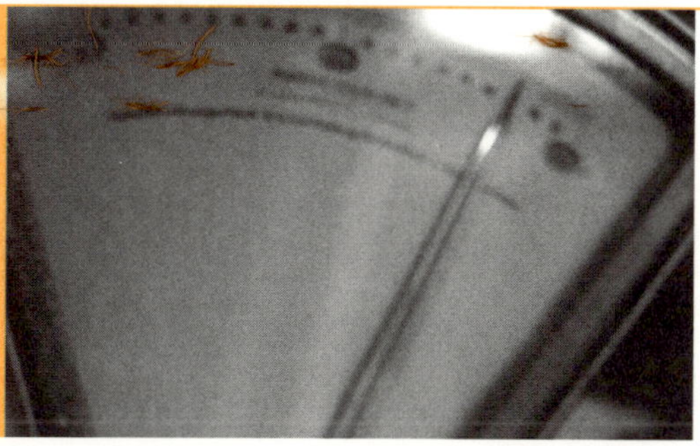

GRUNDTEIG

Der Rührkuchen ist der große Verwandlungskünstler unter den Kuchen. Mit Kakao, Nüssen, Schokostückchen, Rosinen oder Eierlikör – jedes Mal wird es ein neuer Kuchen, obwohl er stets aus dem gleichen Teig entstanden ist.
Die Zutaten kann man sich leicht merken; dabei hilft ein weiterer Name dieses Teigs: Eischwerteig. Das heißt, die Menge der übrigen Zutaten richtet sich nach dem Gewicht der Eier: pro Ei 60gr. von Allem

1 Pfund Eier (etwa 8 Stück), 1 Pfund Butter,
1 Pfund Zucker, 1 Pfund Mehl, 1 Esslöffel Backpulver

Alle Zutaten müssen zimmerwarm sein. Legen Sie die Eier in warmes Wasser und zerlassen Sie die Butter an einem warmen Ort. Trennen Sie Eiweiß und Eigelb. Mit dem Handrührer wird zuerst die Butter geschlagen, dann kommt der Zucker dazu, dann folgen die Eigelbe, und wenn die Masse dick und goldgelb ist, kommen das Mehl und das Backpulver hinzu. Jetzt wird nur noch kurz gerührt, aber dafür muss das Eiweiß zu Schnee geschlagen werden.
Man mischt es nicht heftig, sondern behutsam unter den Teig und gießt diesen in eine Backform, die man mit Backpapier ausgelegt hat. Schlagen Sie die Backform einmal auf die Arbeitsfläche, damit es keine Löcher im Teig gibt. Im auf 200 Grad vorgeheizten Backofen ist der Kuchen ungefähr nach einer Stunde gar. Stechen Sie mit einem hölzernen Zahnstocher hinein: Es darf kein Teig mehr daran kleben bleiben.

UMKLEIDUNG

1–2 Pakete Marzipanrohmasse, eventuell schon ausgewalzt; Puderzucker oder drei Packungen Blockschokolade – oder von allem mehr, je nachdem, was gebacken wird

Falls Sie ein sehr dunkles Gebilde basteln, lässt sich eine Schokoladenglasur aus geschmolzener Blockschokolade (fein raspeln und im Wasserbad schmelzen) ganz gut direkt mit einem breiten Backpinsel auftragen. Die Glasur wird beim Abkühlen hart und hält alles zusammen.

Eine Marzipanumhüllung brauchen Sie für alle farbigen Torten, weil die bunte Zuckergussglasur auf dem krümeligen Teig nicht hält. Auf der glatten Marzipanfläche lässt sie sich aber mit dem Backpinsel gut verstreichen und trocknet glatt und glänzend auf.

Füllen Sie den Puderzucker in ein Haarsieb und bepudern Sie die Arbeitsfläche klümpchenfrei. Rollen Sie die Marzipanmasse mit einem gut gepuderten Nudelholz sehr dünn und großzügig aus, sodass Sie Ihre Form damit bedecken können, möglichst ohne zu stückeln. Inzwischen gibt es Marzipanmasse, die bereits dünn ausgerollt ist, zu kaufen.

BUNTE VERZIERUNG

etwa 3 Pakete Puderzucker, Lebensmittelfarben

Rühren Sie nun jeweils 100 Gramm Puderzucker mit 3 Esslöffeln Wasser an, sodass eine streichfähig zähflüssige Masse entsteht. Sie können auch Eiweiß dazu nehmen, das klebt vielleicht besser.

Ein Teil bleibt weiß; vier weitere Portionen werden jeweils mit ein, zwei Tropfen Farbe in einer Grundfarbe gefärbt – für Schleifchen oder Muster. Dazu braucht man den feinen Haarpinsel.

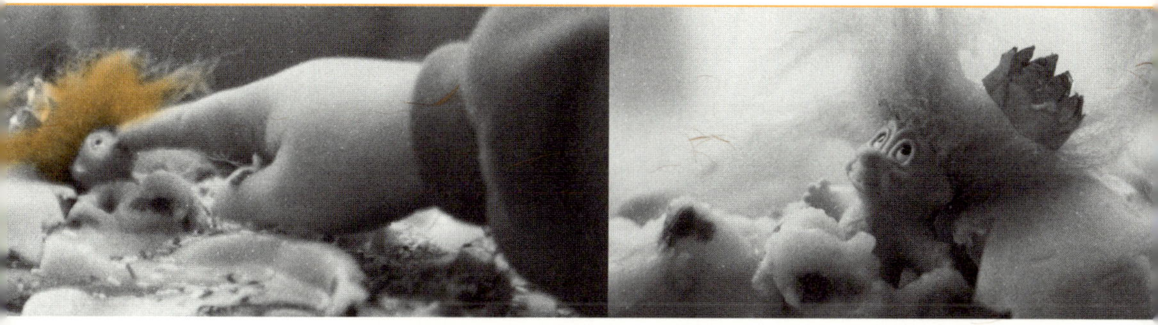

PRINZESSIN AUF DER ERBSE

Fertig gekaufte oder fertig gebackene Tortenböden, Pudding oder Creme (Fertigprodukt), 1 bunter Smartie, versilberte Salmis und bunte Zuckerstreusel, 1 Püppchen; feiner Haarpinsel, breiter Backpinsel

Wer genügend Energie in sich verspürt, rührt einen Teig und füllt damit ein flaches, eckiges Blech. Wenn Sie es sich einigermaßen einfach machen wollen – schließlich steht Ihnen das dicke Ende noch bevor –, kaufen Sie fertige, abgepackte Biskuitböden: Schoko oder normal oder gemischt.

Legen Sie mehrere Böden übereinander und schneiden Sie quadratische Matratzen aus den Tortenböden, so groß es eben geht, damit Sie nicht so viel Abfall haben; außerdem schlafen Prinzessinnen in breiten Lotterbetten und nicht auf schmalen Pritschen, oder? Für ein schmales Bett brauchen Sie allerdings nur einen Kastenkuchen.

Als Füllung (beziehungsweise Matratzenkleber und für den besseren Geschmack) streichen Sie eine Vanillecreme oder einen Vanillepudding zwischen die einzelnen Matratzen. Nicht dick, die Masse soll nicht hervorquellen.

Mehr als fünf Matratzenschichten brauchen Sie nicht. Wenn der Boden dick ist, reichen auch vier, und wenn Sie Waffeln nehmen, haben Sie nicht viel zu tun und können ohne großen Aufwand höher stapeln.

Es macht viel Arbeit, die Matratzen einzeln mit Spannbetttüchern zu beziehen und jede mit Zuckerguss und Zuckerfarbe bunt zu bemalen, denn sehr elastisch ist das Marzipan nicht, und wenn das Tuch einreißt, sieht es nicht so lecker aus.

Falttechnisch unkompliziert hingegen ist ein Überwurf. Mit einem breiten Backpinsel und mit bunten Streuseln und Perlen können Sie die adelige Bettstatt verzieren. Bedecken Sie das ganze Bettpaket mit einer einzigen Marzipandecke und knibbeln Sie an den Kanten einen schönen Faltenwurf. Der Überwurf ist vielleicht

samtrot, mit silberner Brokatspitze aus Silbersalmis. Obendrauf liegt noch eine etwas verwuschelte – die Prinzessin schläft unruhig – Bettdecke: reinweiß und mit kostbarer Spitze aus bunten Zuckerstreuseln besetzt. Und ein sehr kleines Kissen aus Marzipan.
Falls Sie im Spielzeugschrank keine kleine Plastik-Prinzessin finden, deuten Sie eben nur einen winzig kleinen Körper unter der Bettdecke an und lassen nur den gelben, braunen oder schwarzen Prinzessinnenschopf über das Kopfkissen wallen: Wallehaare stellen Sie aus Marzipan mittels der Knoblauchpresse her.
Und vergessen Sie nicht die Erbse! Wer sie später in seinem Kuchenstück findet, bekommt einen Preis.

BALLETTRATTE

Eine Ballettratte ist dick und groß. Ungefähr so hoch wie ein Sandkuchen, Zitrone oder Marmor – je nachdem, was Ihre Kinder mögen. Fertig gekauft oder selbst gemacht, wird er in Rattenform geschnitten: also vorne unten in der Mitte spitz zulaufend, dann steil aufwärts; Kopf und Rumpf sind eins. Die ganze Kastenform muss ein bisschen abgerundet werden, besonders zum Rattenhintern zu.
Rollen Sie nun Marzipanrohmasse wie oben beschrieben aus und bedecken Sie damit die ganze Ratte. Der Schwanz wird extra aus Marzipan dick gerollt und eng an den Körper nach vorn gelegt. Vorne, dicht beim spitzen Kopf, werden zwei kleinfingerlange Marzipanbeinchen anmontiert. Außerdem braucht das Kuchenbiest zwei handmodellierte Öhrchen, Rosenblättern ähnlich.
Nun kommt die Farbe, denn eine graue oder echt schmuddelfarbene Ratte sieht nicht schmackhaft aus. Entscheiden Sie sich also für Braun oder für Blau. Die blaue Farbe besteht aus gefärbtem Zuckerguss; braun wird die Ratte mit Kuvertüreschokolade. Pfötchen, Ohren und Schwanz werden ausgespart, denn sie müssen rosa

angemalt werden mit gefärbtem Zuckerguss. Die Augen sind zwei gelbe Smarties; und das Ballettröckchen besteht aus einem Stück weißen Tülls, das Sie auf einen Faden ziehen, schön raffen und der Ratte um die dicke Mitte binden oder an den Seiten mit Zahnstochern feststecken. Wenn Sie genug Stoff haben, kann der eine etwas missratene Figur kaschieren.

VULKANAUSBRUCH

Die einfachste Geburtstagstorte ist der Vulkanausbruch. Backen oder kaufen Sie einen gewöhnlichen Schokoladennapfkuchen. Vom Krater-Mittelpunkt aus wälzt sich gelb-roter Zuckerguss über den Hang, der nach unten hin silbern und weiß wird. Im Zuckerguss kleben rote Smartie-Brocken. Der Kuchen darf aber nicht komplett bedeckt werden, sonst sieht man die dunkle Erde ja nicht mehr.
In das Loch in der Mitte stecken Sie ein paar Wunderkerzen, die beim Anzünden einen funkelnden Sprühregen über den Vulkan legen.

RITTERSCHWERT

Jungen können sich beim Anblick eines Schwertes begeistern. Ob aus der Ritter- oder der Jedi-Ritterzeit, kuchentechnisch ist das kein Problem. Das Ritterschwert erhält eine Schokoladenglasur wie rostiges Eisen und einen Griff, der mit Smartie-Edelsteinen und Lakritzkonfekt besetzt ist.
Das Laserschwert der Jedi-Ritter hingegen leuchtet quietschgrün oder pink. Statt der Klinge hat es einen leuchtenden Strahl, der aus einem stabförmigen Griff schießt. Im Kuchenfall besteht es aus einer Marzipanrolle, mit pastellfarbenem Zuckerguss gefärbt oder nur weiß überzogen und dann dicht an dicht mit durchsichtigen Fruchtbonbons oder Weingummis in einer Farbe belegt.

Das Ritterschwert ruht vielleicht auf einem Kuchengebilde, das wie ein rotes Samtkissen aussieht; dann braucht das Schwert nur aus Marzipan geschnitten zu werden und liegt obenauf. Aber man kann es auch als langen, schmalen Kuchen konzipieren und auf Seidenpapier legen.

DARTH VADER

Darth Vader selbst ist ganz leicht herzustellen: Der Kopf ist eine kleine Glockenform, der Körper hat dieselbe Form, nur viermal so lang und nur wenig breiter. Der ganze Typ wird bitterschokoladenschwarz und hat zwei blaue Augenhöhlen und ein buntes Laserschwert, das er vor dem Körper aufstützt. (Geht das überhaupt? Egal, die Pose ist so schön.) Auch die Hände sind schwarz und können zwei Schokoladenstücke sein, weil sie gepanzert sind. Der Ritter liegt am besten flach.

LECKERE STINKETORTE FÜR PAPA

Natürlich ist das auch etwas für schlanke Tanten, und kleinen Kindern macht es einen Heidenspaß, diese duftende Mogeltorte aufzustocken und beim Dekorieren zu helfen.

Sie sollte aussehen wie eine schwere Schwarzwälder Sünde und dabei heimlich eine leichte, mediterrane Knoblauchsensation sein.
Diese Torte wird kalt gebacken, also ohne Ofen. Der «Schokoladenteig» besteht aus zerkrümeltem Pumpernickel. Die verschiedenen «Sahneschichten» sind gewürzter Frischkäse (oder Mischungen aus Ricotta und Ziegenkäse oder Schafskäse). Ein Teil davon wird mit viel durchgepresstem Knoblauch gewürzt, der andere Teil außerdem zum Beispiel mit klein gewürfelten roten Paprikaschoten oder roten Zwiebelwürfelchen.
Die «Kirschen» bestehen aus kleinen Kirschtomaten und die «Schokostreusel» aus gehackten schwarzen Oliven.
Eine Springform wird gut ausgebuttert und mit Pumpernickelscheiben belegt. Jetzt kommt eine Schicht duftender Frischkäse, dann eine Lage Pumpernickelbrösel, mit wenig Butter schnell in der Küchenmaschine zerhackt, dann eine Schicht Käse, in die klitzekleine Cherrytomaten gedrückt werden, und wieder Frischkäse darüber. Nun mischen Sie den restlichen Frischkäse in einen Spritzbeutel und garnieren die Oberfläche mit kleinen weißen Röschen, in die wieder Cherrytomaten gedrückt werden. Hacken Sie schwarze Oliven und lassen Sie diese fein verteilt über die Mitte regnen.
Stellen Sie die Torte zwei Stunden in den Kühlschrank und lösen Sie dann den Rand der Springform. Nun können Sie die Torte auch außen mit einer Käse-Oliven-Mischung bestreichen. Das geht gut mit einem Spachtel, wie sie Maler benutzen, ein sehr nützliches Küchenutensil.
Wenn Sie die Torte anschneiden, tauchen Sie das Messer vor jedem Schnitt in ein Gefäß mit heißem Wasser, so geht's viel leichter.

Pleiten …

Pech …

… und passende Antworten

Schulkinder essen und vertragen alles, was auch Erwachsene essen; insofern können Sie kochen, was Sie wollen. Das große Problem ist die Essenszeit. Im Idealfall werden die Kinder in der Tagesschule mittags warm bekocht; Ihr Mann hat eine fabelhafte Kantine mit vier Menü-Angeboten, und Sie brauchen nur schlau einzukaufen, um alles fürs Frühstück und für eine kalte gemeinsame Mahlzeit am Abend auf den Tisch zu bringen. Und ab und zu ist Hähnchen-mit-Pommes-Tag oder MacBurger- oder China-Chicken-Tag.

Das wäre fein. In den meisten Familien sieht es jedoch anders aus. Viele Hausfrauen und inzwischen auch ein paar Hausmänner kochen zweimal täglich; obendrein wird zwischendurch die Mikrowelle angeworfen, weil drei Kinder mit wölfischem Hunger zu unterschiedlichen Zeiten aus der Schule kommen. Gefrühstückt haben sie gar nichts, das Pausenbrot haben sie vergessen. Abends kommt ein berufstätiger Mensch nach Hause, der den Ekelfraß aus der Kantine nicht mehr sehen kann, sich zwischendurch mit Imbissköstlichkeiten versorgt hat und nun dringend ein Essen braucht, das Magen und Herz erwärmt.

Nein, wenn Sie sich in dieser oder einer ähnlichen Situation befinden, sind Sie vorerst nicht zu retten. Das dauert noch. Lassen Sie sich derweil von ein paar organisatorischen Tricks oder ein paar verspielten Vorschlägen anregen. Womöglich hebt das Ihre Laune immerhin so weit, dass Ihnen zweimal pro Woche wieder einfällt, warum Sie sich überhaupt in Ihren Gefährten verliebt haben; dass alles eigentlich nur besser werden kann; und was für ein Glück Sie mit Ihrer frechen Brut doch haben.

Frühstückspleite

Das Frühstück kann man bei den meisten Kindern vergessen. Tun Sie es. Wenn Ihr Kind in die Schule geht, ohne etwas gegessen zu haben, sollte Sie das nicht beunruhigen. Viele Kinder mögen nichts außer einem Becher Kakao oder Milch mit Honig, und das füllt die kleinen Bäuche bestimmt für ein paar Stunden. Jeder kann es halten, wie er will.

Das Einzige, was Sie nicht versäumen sollten, ist die Gemeinsamkeit beim Nicht-Frühstück. Schlürfen Sie Ihren Kaffee oder Tee beim Schminken, das Kind wird Orangensaft, Tee oder einen Becher Kakao trinken, während es vom Klodeckel oder vom Badewannenrand aus zuschaut. Wenn Ihr Kind jedoch morgens mit Hunger erwacht, wird am Tisch gefrühstückt. Das muss nicht unbedingt für alle Familienmitglieder gelten; Hauptsache, man hat einen Moment und einen Ort der Ruhe.

Hungrige Kinder mögen gern ein Schälchen Apfelmus mit Joghurt und Haferflocken. Auch Haferbrei, ganz leicht gesüßt, kommt manchmal gut an. Oder ein einfaches Käsebrot und Kakao, für die Größeren Milchkaffee.

Samstag und sonntags gibt es vielleicht für die ganze Familie ein spätes, langes Frühstück im Bademantel – mit Krabbensalat, Schinken und Rührei, frischen Brötchen, Honig, Hörnchen und Marmelade. Das ist dann jedes Mal ein großes Ereignis.

Viele Kinder sind vor der Schule müde, schlecht gelaunt und ängstlich, besonders wenn sie so viele andere Sachen im Kopf haben, dass sie nicht gut vorbereitet sind oder Zeugnisse bevorstehen.
Verhalten Sie sich solidarisch. Das Kind hat nur Sie, und irgendjemand muss zu ihm halten, wenn es schon in der Schule so blöd ist. Morgens lässt es sich gut plaudern. Und wenn Sie auch immer nur zehn friedliche Minuten haben, in dieser Zeit erfahren Sie am meisten von Ihrem Kind. Respektieren Sie seinen Willen und sein Körpergefühl. Sie können sicher sein, dass es in der Pause gegen 11 Uhr einen mörderischen Hunger bekommt; dann wird es mit Behagen ein ganzes Käsebrötchen verspeisen, wenn es gut und lecker aussieht. In manchen Schulen gibt es inzwischen einen Brötchendienst, von Eltern organisiert; oder ein Bäcker errichtet einen kleinen Stand. Unterstützen Sie solche Aktionen lieber, als dass Sie sich in Konkurrenz begeben, denn die Milch-und-Brötchen-Mütter machen das sehr liebevoll, und Kinder kaufen nun mal zu gern fertiges Essen – sie finden jedes Essen anderswo attraktiver als zu Hause.

Schulbrot-Probleme

Es ist durchaus nicht unüblich, ein häuslich zubereitetes Pausenbrot, statt es gleich in den Papierkorb zu werfen, respektvoll im Ranzen aufzubewahren, sodass es sich in Ruhe in den Ferien in einen völlig anderen Aggregatzustand verwandeln kann und einen Tag vor Schulbeginn entweder lebendig geworden oder grün und versteinert ist.
Wenn Sie selbst ein Pausenbrot herrichten, müssen Sie sich etwas einfallen lassen – denn die Konkurrenz von Kinderverführern mit Milchschnitten, Drei-in-einem-Überraschungen und Aldi-Cola schläft während der Schulzeit nicht.

TRAMEZZINI-FREUDE

Sie brauchen unbedingt einen hartschaligen Behälter für das Schulbrot, denn nach sechs Schulstunden im Schulranzen ist jedes liebevoll hergerichtete und nur eingewickelte Schulbrot durchgematscht und unappetitlich geworden.
Sehr attraktiv sind die italienischen Weißbrotscheiben, die man entrindet und dann diagonal durchschneidet, damit man den bunten, dick aufgetragenen Inhalt sehen kann.
Die Brote werden mit Mayonnaise oder einer schlankeren Salatcreme bestrichen. Dann folgen zum Beispiel:

Tomatenscheiben und **Sprossen**;
hartgekochte Scheiben von **Eiern** oder **Rührei** und **Thunfisch**, **Sprossen**;
gekochtes **Geflügel** oder anderes Fleisch, **Salatblatt**;
Mozzarella, Tomaten, Salatblatt oder **Basilikum**;
Tomate, **Goudakäse**, gekochter **Schinken**, Salatblatt.
Hüttenkäse, geraspelte Karotten, **Avocado**, Sprossen

So ungefähr, und täglich wechselnd. Eine graue Klappstulle mit Leberwurst jedenfalls ist für einen traurigen Schüler zu freudlos und macht auch keinen Spaß beim Zubereiten.
Wechseln Sie die Brotsorten, kaufen Sie auch Knäckebrot. Und legen Sie wenigstens noch Gewürzgurken auf den Belag; oder Radieschen und Eisbergsalat. Paprika und Schnittlauch können fast die ganze Woche über verteilt werden. Sprossen und Keime gibt es abgepackt im Supermarkt, oder sie werden dreistöckig auf der Fensterbank gezogen.

IGITTIGITT-GEMÜSE

Nicht jedes Kind liebt buntes, gesundes Gemüse. Es kneift mit bitterböser Miene den Mund zu und verlässt angewidert den Tisch.

Natürlich sehen wir es nicht gern, wenn die Nahrungsaufnahme verweigert wird, besonders, wenn wir uns Mühe gegeben haben; aber machen Sie sich und dem Kind keinen Stress, sonst nimmt der Ärger von nun an gewaltig zu. Versuchen Sie vielmehr listig und klug wie die Schlange, das Kind zu verführen.

Oft artet das Gemüseproblem zu einem Kampf zwischen Mutter und Kind aus. Das Kind registriert sehr wohl, dass Mama sich bei ihm durchsetzen will – und dass es ihr selbst offenbar nicht schmeckt, sonst würde sie ja mitessen!

Es hat schnell den Gemüsehasser-Ruf weg, obwohl das letzte Wort in dieser Angelegenheit noch nicht gesprochen ist. Pädagogisch und emotional haben Sie viel an Boden verloren und Ihren eigenen Nerven geschadet, denn nicht nur in solchen Kämpfen siegt das Kind, jedenfalls bei demokratisch und antiautoritär sozialisierten Eltern. Irgendwann zieht es einfach aus, wird aus Rache vielleicht vegetarischer Bio-Bauer und lässt Sie in der Gewissheit zurück, dass es Ihren als gute Absicht getarnten Machtkampf immer durchschaut hat.

Machen Sie also kein Getöse und schaufeln Sie einem Kind nichts auf den Teller, was es nicht mag. Vielleicht können Sie es zum Probieren von Karotten, Erbsen oder Porree überreden; von jedem nur ein winziges Stück. Dann kann es sagen, welches ihm davon am besten schmeckt, welches es noch genießbar findet und welches (zurzeit!) ein Würggemüse oder ein Igittigitt ist.

Richten Sie sich danach und testen Sie nach einer Weile, ob sich an der Rangfolge etwas verändert hat. Wichtig ist nur, dass ein Kind nicht allein isst, denn dann vermutet es, dass auch niemand sonst das Essen mag.

Vielleicht verschmäht Ihr kleiner Mauli aber Gemüse in allen Farben und Formen, mit und ohne Mitesser am Tisch. Dann probieren Sie es auf andere Art, mit Phantasie. Diskutieren Sie darüber, ob selbst einem Löwen oder Ritter von dem Gemüse schlecht würde; ob ein Kotzbrei vielleicht schmackhafter wird, wenn man freundlich mit ihm spricht. Oder wenn man schmatzt.

Nur keine Angst vor schlechtem Benehmen. Kinder lernen Essverhalten und Benehmen bei den Eltern; sie gucken es sich ab. Und sie betragen sich im Übrigen anderswo stets besser als zu Hause, das wird immer wieder bestätigt. Denn Anpassungsvermögen ist für Kinder lebensnotwendig und deshalb verblüffend verlässlich. Sie können sich also den meisten Erziehungsärger sparen.

Merkwürdigerweise ist der Gemüsehass bei Jungen besonders ausgeprägt und somit geradezu ein sekundäres Geschlechtsmerkmal. Jede Mutter kann sich lange Reden über Skorbut und verfaulte Zähne sparen, wenn ihr Sohn glaubhaft versichert, dass eine Salamipizza prima schmeckt und eine Gemüsepizza aussieht wie eine voll gekotzte Wolldecke. Ihre einzige Chance, einen solchen Kerl geschmacklich aufzumischen, besteht darin, alle verhassten Gemüse wegzulassen, sie zu pürieren, in einer weißen Sauce zu verstecken oder sie ganz neuartig zu würzen.

Allein schon die mediterrane Variante, alles in Olivenöl zu schmoren, öffnet Ihnen kulinarisch ein weites Feld. Ebenso der Wok mit der fixen Zubereitungstechnik, den knackigen Sprossen und den exotischen Gewürzen. Lassen Sie die derben deutschen Gemüse wie Rosenkohl, Blumenkohl, Rotkohl und Knollensellerie für eine Weile weg, wenn ihr Kind damit hadert. Aber geben Sie nicht auf.

Karotten, Kohlrabi sind beliebter. Und wenden Sie sich einmal der Aubergine und der Paprika zu. Japanische Mütter streuen über verhasstes Gemüse Thunfischflocken. Wenn der Teller vor dem Kind steht, wabern die Flocken und zittern in der Luft. Ob das auch hier funktioniert, müsste ausprobiert werden.

Smoothies, Schmusis und andere gesunde Schmeichlinge für junge und alte Gemüsehasser

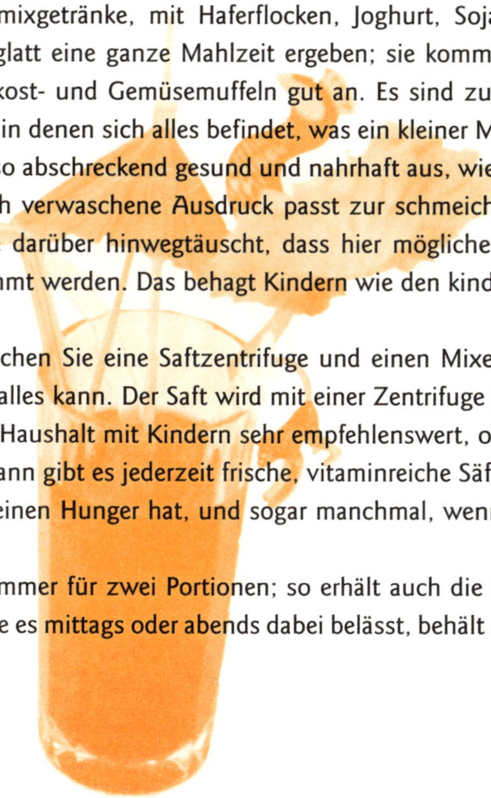

Smoothies haben die Amis erfunden. Es sind bis zur Unkenntlichkeit verhackstückte Gemüse- oder Obstmixgetränke, mit Haferflocken, Joghurt, Soja oder sonst was angereichert, die glatt eine ganze Mahlzeit ergeben; sie kommen bei kaufaulen Kindern oder Rohkost- und Gemüsemuffeln gut an. Es sind zum Teil komplette Kindermahlzeiten, in denen sich alles befindet, was ein kleiner Mensch braucht, nur sehen sie nicht so abschreckend gesund und nahrhaft aus, wie sie in Wirklichkeit sind. Der farblich verwaschene Ausdruck passt zur schmeichelweichen Flutsch-Konsistenz, die darüber hinwegtäuscht, dass hier möglicherweise viele, viele Kalorien vereinnahmt werden. Das behagt Kindern wie den kindlichen Amis gleichermaßen.

Zum Smoothie-Zaubern brauchen Sie eine Saftzentrifuge und einen Mixer oder eine Haushaltsmaschine, die alles kann. Der Saft wird mit einer Zentrifuge hergestellt. Das Gerät ist für einen Haushalt mit Kindern sehr empfehlenswert, obwohl es mühsam zu säubern ist. Dann gibt es jederzeit frische, vitaminreiche Säfte, die schmecken, wenn man gar keinen Hunger hat, und sogar manchmal, wenn man krank ist.

Die folgenden Rezepte sind immer für zwei Portionen; so erhält auch die Mama gleich eine Mahlzeit. Wenn sie es mittags oder abends dabei belässt, behält sie ein schlankes Gewissen.

SCHARFER SCHULWECKER

Rote Bete, Apfel, Karotte, ein kleines Stück Porree, Zitronensaft, 1/2 Teelöffel Weizenkeimöl oder anderes feines Speiseöl

Ein wenig Fett muss sein, damit sich die nur fettlöslichen Vitamine im Bauch entfalten können.

SÜSSER JOGHURT-SCHMUS

1 Becher Kiwijoghurt, 2 Kiwifrüchte, geschält, und etwas Mineralwasser, vielleicht noch Honig

Alles zusammen im Mixer oder mit dem Schneidstab pürieren und mit Eiswürfeln servieren.

OBST-SMOOTHIE

1 Banane, 2 Esslöffel Hüttenkäse, 1 1/2 Gläser voll Orangensaft

Pürieren Sie alles durch und füllen Sie es in zwei hübsche Gläser oder Champagnerschalen.

BEEREN-SCHMUS

1 große reife Birne, 1 Hand voll Brombeeren
oder Himbeeren oder eine tiefgekühlte Mischung, 1 Becher Vollmilchjoghurt,
1–2 Esslöffel Schmelzflocken, Honig

GEMÜSE-SMOOTHIE

1 Becher Joghurt, 2 Esslöffel Schmelzflocken
1/4 Liter Karottensaft, 1 frische Karotte

Das huscht alles durch einen schlagkräftigen Mixer oder wird mit einem Pürierstab weich gemacht.

MOLLIGER MITTAGSSCHMUS FÜR EILIGE KINDER

1 gekochte Kartoffel, 1 Becher heißes Wasser, 1 frische Karotte, 1/2 Brühwürfel, etwas Schlagsahne, Muskat

Eine Küchenmaschine fetzt daraus im Nu eine feine Kartoffelsuppe, die auch schmeckt, wenn man sie aus dem Becher schlürft.
Grundlage ist immer die gekochte Kartoffel; dann folgen ein frisches Gemüse oder Tiefkühlerbsen, Brühe, Sahne oder Vollmilchjoghurt und Gewürz.

NICHT MEHR WIEDERZUERKENNEN: SCHMEICHEL-GEMÜSE

ROSENKOHL-PÜREE

Rosenkohl schmeckt ganz anders, wenn er in etwas Kochwasser püriert und dann mit Crème fraîche, Salz und Muskat gewürzt wird.
Dazu passt ein Stück Fleisch.

SELLERIE-PÜREE

Mit Muskat, Salz und Schlagsahne verfeinert, mit einem Schuss Pernod für die Größeren und ein paar gehackten Rosinen schmeckt dieses (durchaus auch für Gäste geeignete) Püree besonders gut zu Lammfilet, Hasenfleisch und Kotelett.

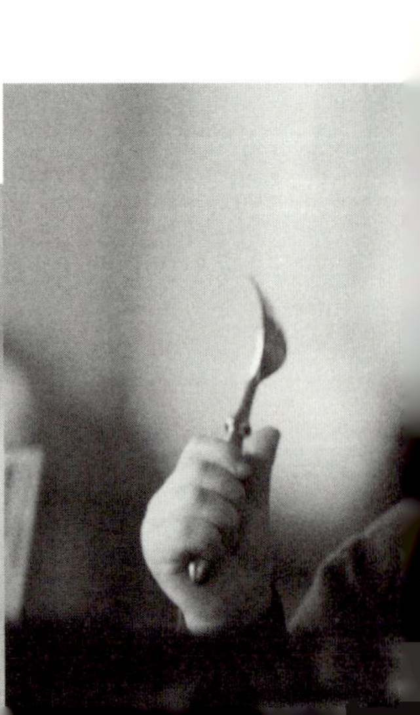

STECKRÜBEN-PÜREE

Sahne, Petersilie und eine Prise Zucker geben den Pfiff.
Schmeckt zu Hühnerbein oder Putensteak, zu Frikadellen und Bratwurst. Kann auch mit Karotten gemischt werden.

FROSCHGRÜNES PÜREE

Hierzu nimmt man Tiefkühlerbsen, die mit Sahne und frischen Minzblättern püriert werden. Zum Trinken kommt Brühe hinzu und eine gekochte Kartoffel.

Immer lieber:

NuDeln

VARIATIONEN FÜR NUDELFREAKS

Spaghetti lieben fast alle Kinder, und da sie viel herumrennen, ist dieses kohlehydratreiche Gericht auch besonders gut für sie. Vitamine und Mineralien, Eisen und Enzyme können Sie durch frische Saucen hinzufügen oder durch Obst und Gemüse.

Wenn Ihr Kind Nudeln über alles liebt, können Sie es sich leicht machen und dennoch abwechslungsreiche, interessante Gerichte auftischen, die den jungen Gaumen kitzeln und die Geschmacksnerven anregen.

SPAGHETTI, AM LIEBSTEN JEDEN TAG

Die Spaghetti werden in heftig gesalzenem Wasser gekocht und dann nur mit einem Stück Butter und geriebenem Käse vermischt.

Viele Kinder wünschen sich das jeden Tag; als Zutat lassen sie allenfalls Ketchup gelten. Das macht zwar am wenigsten Arbeit, aber auf Dauer auch ein schlechtes Gewissen.

Nehmen Sie zumindest statt der Butter einmal Olivenöl und einen anderen Hartkäse als Parmesan. Kündigen Sie solche Veränderungen nicht großartig an, aber beschwindeln Sie Ihr Kind auch nicht, wenn es – ähbäh! – den Unterschied herausschmeckt. Erklären Sie ihm lieber vorher, dass schon eine winzige Kleinigkeit ausreicht, damit sich die Zunge nicht langweilt.

NUDELRESTE

Gekochte Nudeln halten sich geölt und zugedeckt zwei Tage lang im Kühlschrank; das heißt, Sie können einen Rest gut noch einmal mit Speckwürfeln und einer Tomate aufbraten; oder nur mit Speck, und dann kommt Käse drüber.
Oder Sie überbacken sie: ein bisschen gekochter Schinken und zwei, drei, vier Champignons dazu, dann mit einem Guss Sahne und Käse in den Ofen. Oder mit Butter, TK-Erbsen und Mais in der Pfanne aufwärmen.

DIE EINFACHSTE ALLER NUDELSAUCEN

Braten Sie irgendein Gemüse im Topf mit wenig Öl an. Es darf eine zerstückelte Tomate sein, ein Stück Brokkoli, etwas Spinat oder auch Salat, ein Zucchino oder eine Aubergine; hacken Sie eine Zwiebel und eine Knoblauchzehe dazu und braten Sie alles sanft durch, es soll keineswegs braun werden; dann kommen ein Schuss Brühe, etwas Crème fraîche und Pfeffer und Salz dazu:
Das ist schon alles.
Zermetzeln Sie die Sauce mit dem Zauberstab und gießen Sie sie über die Nudeln.

TOMATENRAGOUT

400 Gramm Pizzatomaten, 1 mittlere Zwiebel, 2 Lorbeerblätter, Knoblauch nach Belieben, Pfeffer, Salz

Greifen Sie ruhig zur Dose oder zum Pappkarton mit den geschälten, zerstückelten Pizzatomaten.
Bedecken Sie den Boden eines Schmortopfes mit Olivenöl. Die Zwiebel muss klein gehackt werden, der Knoblauch auch. Beides soll im Öl bei sachter Hitze eben goldig werden, aber nicht braun. Nun fallen die Lorbeerblätter in den Topf, und die

Tomaten regnen hinterher. Pfeffer und Salz braucht die Sauce, und wenn Sie eine kleine Pfefferschote mitkochen wollen, bitte sehr.

Die Sauce muss jetzt mindestens eine Dreiviertelstunde bei kleiner Hitze köcheln. Danach ist viel Flüssigkeit verdampft, die Sauce ist dick und hat einen sehr weichen, dichten und samtigen Geschmack bekommen. Weder die Schärfe der Zwiebel noch der Knoblauchbiss sind herauszuschmecken.

Wenn es sein muss, geben Sie noch eine Spitze Zucker dazu. Kinder lieben Spaghetti mit Tomatensauce, und wenn Sie die Sauce in einer größeren Menge vorbereiten, haben Sie wunderbarerweise kaum mehr Arbeit. Sie frieren sie ein oder füllen ein großes Einmachglas damit. Im Kühlschrank hält sie sich dann gut und gern ein paar Wochen.

Das ist eine Tomatensauce für viele Gelegenheiten. Sie passt auch zu Spiegeleiern oder halbierten, gekochten Eiern, zu Rührei, Reis, Pommes frites, Gnocchi oder Kartoffelplätzchen. Wenn Sie die Sauce noch anschärfen wollen, sollten Sie kurz vor dem Servieren ein bis zwei Zehen Knoblauch zusätzlich in die heiße Sauce hineinpressen. Wenn man Knoblauch lange mitdünstet, verliert er nämlich vollständig den Biss.

DIE ULTIMATIVE GRATINIERSAUCE – NICHT NUR FÜR NUDELN

Die Nudeln sind frisch gekocht oder vom Vortag. Man übergießt sie mit einer Masse, die dem Volumen nach zu gleichen Teilen aus Eiern und Milch besteht – das lässt sich am besten in einem durchsichtigen Behälter oder Glas prüfen. (Ungefähr 5 Eier entsprechen 1/4 Liter Milch.) Dazu kommen 2 bis 3 Esslöffel Greyerzer, Parmesan oder anderer Hartkäse (Gouda zieht phantastisch lange Fäden). Gewürzt wird mit Salz, frischem schwarzem Pfeffer und Muskat.

Die Nudeln kommen in die Auflaufform oder bei größeren Mengen auf das tiefe Backblech mit dem hohen Rand. Jetzt wird die Sauce darübergegossen, sodass die Nudeln knapp bedeckt sind. Streuen Sie noch etwas geriebenen Käse darüber oder legen Sie Käsescheiben darauf, dann – ab in den Ofen, 200 Grad, bei Umluft nur 170; im Gasofen auf Stufe 2. Der Auflauf kommt auf die unterste Schiene und ist in etwa 40 Minuten wunderbar.
Wenn Sie vorher noch ein paar Stücke gekochten Schinken oder ein Würstchen oder Salami unterschmuggeln wollen, umso besser. Nehmen Sie nur dicke Röhrennudeln. Dünne Nudeln werden bei der langen Garzeit ihren Charme verlieren. Und wenn Ihr Kind schon zu den Gutschmeckern gehört, können es auch mal Erbsen, Porree oder tiefgekühlter Spinat, Mangold oder Tomaten und Knoblauch sein. Dann werden auch Mamapapa und alle Weintrinker ihre Freude daran haben.

SÜSSE NUDELN

Eigelb, Milch, Zitronenschale, Zucker

Dies Nudelgratin schmeckt nun wieder Erwachsenen nicht besonders gut, aber kleine Kinder mögen es sehr gern.
Die verquirlte Sauce wird über die Nudeln gegossen und im Ofen überbacken. Man kann dicke Makkaroni auch gleich in einer leicht gezuckerten Vanillemilch kochen, das schlotzen die Kleinen mit Behagen weg.

NUDELSALAT

Farfalle, Mayonnaise, Zitronenjoghurt, Tomatenketchup, Tabasco, Worcestershiresauce und verschiedene gelbe, grüne und rote Zutaten wie: klein geschnittene, gelbe und rote Paprikaschoten, Tiefkühlerbsen, Maiskörner aus der Dose, ein paar gehackte Walnusskerne und klein geschnittene Wiener Würstchen oder Kasseler Aufschnitt

Während die Farfalle kochen, hacken Sie alles kurz und klein, verrühren Joghurt mit fertiger Mayo und den anderen Gewürzsaucen; dann mischen Sie die Zutatenmixtur mit den gekochten Nudeln. Fertig.

RAFFINIERT: HÜLLE MIT FÜLLE

Besitzen Sie eine Nudelmaschine, handbetrieben oder mit Motor? Sie ist ein großartiges Spielzeug für die ganze Familie. Und besorgen Sie auch Plastikformen mit Griff, extra für die Produktion von großen und kleinen Teigtaschen konzipiert, mit denen man den Teig sowohl ausstechen als auch über der Füllung zusammenkniffen kann.

Der Teig hält sich, wenn Sie ihn in Frischhaltefolie wickeln, zwei bis drei Tage lang im Kühlschank, und Sie können mit einer Teigportion spielen, wann immer Sie wollen. Dann kann es mal Bandnudeln mit Butter und Käsesauce geben, mal ausgestochene Osterhasen mit Sauce Bolognese, und ein weiteres Mal füllen Sie für jede Person vier Teigtäschchen mit Hackfleisch.

Der Teig ist immer derselbe:

500 Gramm Mehl, 4–5 Eier, 1–2 Esslöffel Sonnenblumenöl, Salz, Muskat

Alle Zutaten werden miteinander vermischt und verknetet, bis Sie einen festen Ball formen können, der ruhig noch ein bisschen unrund und bröselig sein darf. Packen Sie den Klumpen in Frischhaltefolie, damit er an der Oberfläche nicht austrocknet, und legen Sie ihn an einen warmen Ort, wo die Klebekraft des Weizenmehls sich gemütlich entfalten kann.
Schaffen Sie Platz auf dem Tisch und bemehlen Sie die Tischfläche. Nach einer halben Stunde schon lässt sich der Teig viel leichter kneten, jetzt wird der Ball glatt und geschmeidig. Den letzten Schliff erhält er in der Nudelmaschine, denn sie schicken ihn mehrmals durch die Walze, die sie dabei immer enger einstellen. Jedes Mal, wenn der breite Lappen aus der Walze kommt, wird er kräftig mit Mehl bestäubt und mit der Handfläche abgerieben.
Teilen Sie den Teig in vier Teile. Einer kommt für den nächsten Tag in den Kühlschrank, der zweite für den übernächsten, und einen frieren Sie ein, wenn Sie mögen. (Das geht, aber es lohnt sich nicht unbedingt. Sinnvoller ist es, fertige Nudeln einzufrieren, besonders wenn es sich dabei um gefüllte Teigtaschen handelt.)
Am wenigsten Abfall, die wenigste Arbeit und die beste Ausbeute haben Sie, wenn Sie den ausgerollten Teig schnell einmal der Länge nach mit dem Ei bepinseln, dann mit dem Messer Quadrate schneiden, die Füllung in die Mitte legen, und zwei Ecken über der Füllung zu einem Dreieck zusammenkleben. Die Seiten müssen fest verschlossen sein.
Wenn ein dickes Täschchen fertig ist, wird es auf ein bemehltes Backblech gelegt. Sie dürfen sich gegenseitig nicht berühren und müssen mit Mehl oder Grieß eingestäubt werden. Die fertigen Teigtaschen werden in kochendem Salzwasser gegart, bis sie oben schwimmen und weich sind. Dann holt man sie mit einer Schaumkelle heraus und legt nicht mehr als vier Stück in jeden Teller. Das reicht als Vorspeise für Erwachsene und als Hauptmahlzeit für ein kleines Kind.
Teigtaschen können Sie auch bemehlt und ungekocht auf einem Teller einfrieren

und dann später in einen Beutel packen. Wenn Sie welche brauchen, entnehmen Sie sie einzeln und werfen sie in kochendes Salzwasser. Sauce oder Butter darüber (siehe Seite 129).

MAULTASCHEN

Maultaschen sind eine Erfindung von gottesfürchtigen Gierlappen, die es in der Fastenzeit ohne Fleisch nicht aushielten und meinten, wenn sie das Hack mit etwas Spinat und Petersilie versetzten und schamhaft mit Teig ummäntelten, würde es der Heiland nicht merken. Die Mogelidee ist gar nicht übel und pädagogisch nutzbar: zur Geschmacksbildung. Hier also das Grundrezept für die Taschenfüllung:

1 Pfund Hackfleisch, Muskat, Pfeffer und Salz, 1/2 Pfund gehackter Spinat (tiefgekühlt) und 2 Bund gehackte Petersilie, vielleicht auch Zwiebeln

Alles wird miteinander gemischt und sieht dann grünlich aus, obwohl der Fleischgeschmack überwiegen sollte.

Walzen Sie einen langen Streifen Nudelteig über den Tisch, drücken Sie mit dem Spritzbeutel eine ordentliche Wurst von der Füllmasse in voller Länge über den Teig, oder sehen Sie sonst zu, wie Sie die Füllung gleichmäßig zu einem langen Streifen formen können. Rollen Sie die Fleischwurst noch nicht ganz ein, denn die Kante wird erst mit Ei bestrichen, damit sie fest verklebt. Haben Sie die lange Wurst jetzt auf der Klebekante liegen? Gut. Nun möchte Ihnen vielleicht ein Kind helfen, die Maultaschen zu schneiden. Das geschieht mit einem Tellerrand – für kleine Pfoten: mit einem Untertassenrand –, der in möglichst gleichen Abständen fast diagonal über die Rolle geradelt wird, wodurch rhombenförmige Kissen abgekniffen werden: Das sind die Maultaschen, die sie gleich zubereiten oder gut bemehlt einfrieren können. (Hackfleisch sollte man ja höchstens einen halben Tag ungegart lassen, weil es leichter verdirbt als ein ganzes Stück Fleisch. Aber eingefroren halten sich die Taschen lange.)

Die Maultaschen ziehen in leicht sprudelnder Brühe gar, bis sie oben schwimmen. Wenn Sie erst jetzt eine zur Probe vernaschen, ist im Ernstfall nichts mehr zu retten. Besser ist es, Sie rollen, sobald die Nudelmasse und die Füllung fertig sind, zwei Probekissen – eins für sich, eins für den anderen Vorkoster – und kochen sie vorab in Brühe. Eventuell fehlt ja noch Gewürz oder ein Ei für die Festigkeit.

Über die abgetropften Maultaschen verteilt eine Schwäbin immer Zwiebelschmelze.

ZWIEBELSCHMELZE

Das geht genau so, wie es sich anhört: In reichlich Butterfett werden Ringe von großen oder kleinen Zwiebeln dunkelgold geschmolzen – nicht etwa kross und braun gebraten. Also: viel Butterfett, nicht zu viel Hitze, damit die Zwiebeln nicht frittieren; und geduldig immer mal wieder rühren, denn es dauert länger, als Sie vielleicht glauben.

PELMENI – SIBIRISCHE TEIGTASCHEN

Pelmeni sind ein klassisches Tiefkühlgericht: Sie werden traditionell zu Hunderten vorbereitet und sackweise in den sibirischen Winter vor die Tür gehängt.

Bereiten Sie auch gleich eine größere Menge zu, dann haben Sie immer eine schnelle und gute Mahlzeit vorrätig.

Pelmeni werden in Salzwasser gekocht, in einen Teller gelegt und dann mit einem ordentlichen Guss saurer Sahne oder mit Schmand übergossen und mit frischem, gehacktem Dill bestreut. Der Pelmeni-Teig wird in Sibirien mit weniger Eiern zubereitet als der westeuropäische Nudelteig, und mit kaltem Wasser statt mit Öl. Das ergibt einen sehr hellen Teig, aber im Prinzip ist es auch bloß ein Nudelteig. Machen Sie es, wie Sie wollen. Oder vielleicht nehmen Ihnen Ihre Kinder diese Entscheidung (und die Ausführung) ab, wenn die Zutaten bereitstehen.

So kann man vielleicht an einem verregneten Sonntagnachmittag gemeinsam amerikanische Kitschfilme im Fernsehen genießen und hat am Ende ganz nebenbei Dutzende von Teigtäschchen vorbereitet.

KLASSISCHE SIBIRISCHE FÜLLUNG

300 Gramm Rinderhack, 200 Gramm Schweinemett,
2 mittelgroße Zwiebeln, fein gehackt, Salz, Pfeffer

Gut durchmischen und mit einem Teelöffel Häufchen auf dem Teig verteilen. Teig ausstechen, mit einem in verquirltes Ei getauchten Pinsel an der oberen Kante entlangfahren, Teig über der Füllung zusammenfalten. Mit einem speziellen Ravioli-Gerät ist es kinderleicht. Die Gebrauchsanleitung befindet sich in der Verpackung.

SAUERKRAUTFÜLLUNG

3 Scheiben durchwachsener Speck, 1 große Zwiebel, fein gehackt, 4 Tassen mildes Sauerkraut, einmal gespült und ausgedrückt, 2 Teelöffel Zucker, 1/2 Tasse Brühe (Fertigprodukt), 1 Teelöffel Tomatenmark. Nach Belieben: Kümmel

Schneiden Sie den Speck in Stückchen und braten Sie ihn, bis das ganze Fett herausgebraten ist.

Nehmen Sie die Speckstückchen heraus und braten Sie in dem Speckfett die Zwiebeln. Sobald sie goldig und glasig sind, geben Sie das Kraut und die Brühe dazu und lassen alles so lange köcheln, bis das Kraut weich ist. Jetzt kommen der Zucker und das Tomatenmark hinein; Kümmel würde auch noch sehr gut passen.

KÄSEFÜLLUNG

2 Tassen Hüttenkäse oder anderen Frischkäse,
1 großes Eigelb (eventuell mehr), Salz

KARTOFFELFÜLLUNG

2 Esslöffel Butter, 1 mittelgroße Zwiebel, fein gehackt,
3 große Kartoffeln, gekocht, gepellt und zerstampft,
200 Gramm Frischkäse, 50 Gramm geriebener Emmentaler oder
anderer milder Hartkäse, Salz und
frischen schwarzen Pfeffer

Die in Butter gebräunten Zwiebeln werden mit den zerstampften Kartoffeln und dem Käse gemischt. Fehlt nur noch Salz und frischer Pfeffer aus der Mühle.

SAUCEN FÜR SALZIGE TEIGTASCHEN

Ausgelassene, gebratene **Speck**stückchen – **saure Sahne** mit **Pfeffer** und **Salz –** frische **Kräuter** in **saurer Sahne – Pesto** aus dem Glas, mit **Sahne** verrührt – in **Butter** gebräunte **Zwiebeln – Salbei** in brauner **Butter**

SÜSSE TEIGTASCHEN

Wenn Sie süße Taschen naschen wollen, vermischen Sie Frischkäse, Hüttenkäse oder Ricotta, 1 Ei, Zucker, und etwa 1/2 Teelöffel Vanillepulver.

(Quark eignet sich hier weniger gut, es sei denn, Sie lassen ihn abtropfen und drücken ihn fest aus.)

Dazu schmeckt ein gesüßtes Obstpüree, ein Saft, erhitzt und mit etwas Mondamin angedickt.

KIRSCHFÜLLUNG

Frische Sauerkirschen mit Stein oder entkernte Sauerkirschen im Glas, Schmand oder saure Sahne

Bepinseln Sie den ganzen Teiglappen mit Ei, verteilen Sie eine Reihe Kirschen in fingerbreitem Abstand voneinander und klappen Sie den Teig über die Kirschen. Drücken Sie nun den Teig mit dem Finger zwischen den Kirschen fest an und schneiden Sie ihn dann in kleine Rhomben oder Quadrate.

Die Steine dürfen übrigens ruhig in den Kirschen bleiben, wenn Sie es den Essern ankündigen. Sie können die gegarten Teigtaschen in Semmelmehl wälzen, das in einer Pfanne ohne Fett mit etwas Zimt hellbraun geröstet wurde.

Dazu gibt es Schmand, saure Sahne oder Vanillesauce (die notfalls auch aus der Tüte ganz gut schmeckt).

NUDELN FÄRBEN

Warum eigentlich nicht einmal blaue Nudeln? Allerdings geht das nur mit Lebensmittelfarbe, aber mit einem weiß-gelben Spiegelei obendrauf ist der Anblick sensationell.

Für grüne Nudeln können Sie Petersilie, Sellerieblätter, Mangold, Spinat oder die grünen Teile vom Porree nehmen. Sie hacken das Grünzeug und zermusen es dann mit etwas Öl im Mixer oder mit dem Pürierstab. So kommt die Farbe in den Teig, und er braucht dann kein Öl mehr zusätzlich.

Rot oder rosa werden die Nudeln mit gekochter Roter Bete und gelb werden sie, wenn man dem Teig Kurkuma (Gelbwurz) beimischt; und schwarz-braune Pasta erhalten Sie durch Zugabe von Tintenfisch-Tinte (die Sie in Fischgeschäften bekommen oder in Läden, die italienische Spezialitäten führen).

Mischen Sie die Lebensmittelfarbe, das färbende Gewürz oder Gemüse zu den Eiern und dann zum Mehl; wenn Sie es später hinzufügen, wird die Mischung nicht mehr gleichmäßig, sondern eher streifig oder marmoriert – aber auch das kann ja hübsch aussehen.

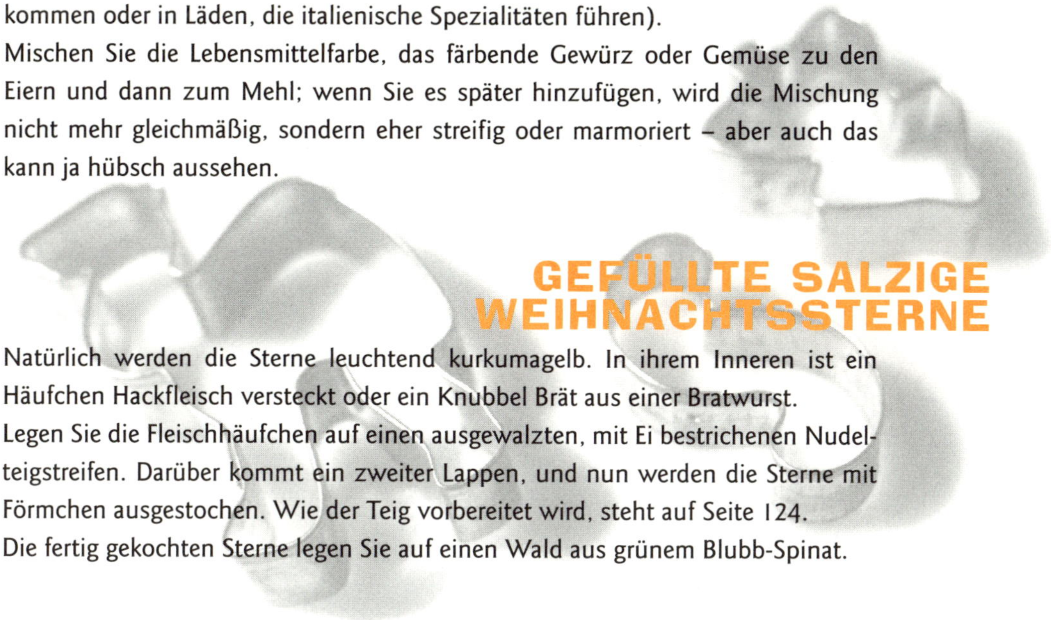

GEFÜLLTE SALZIGE WEIHNACHTSSTERNE

Natürlich werden die Sterne leuchtend kurkumagelb. In ihrem Inneren ist ein Häufchen Hackfleisch versteckt oder ein Knubbel Brät aus einer Bratwurst.

Legen Sie die Fleischhäufchen auf einen ausgewalzten, mit Ei bestrichenen Nudelteigstreifen. Darüber kommt ein zweiter Lappen, und nun werden die Sterne mit Förmchen ausgestochen. Wie der Teig vorbereitet wird, steht auf Seite 124.

Die fertig gekochten Sterne legen Sie auf einen Wald aus grünem Blubb-Spinat.

Hier Kocht

das Kind

Ein Merkmal der kreativen, edelschlampigen und unbekümmerten Küche ist, dass darin weitgehend Freiheit von starren, vorgegebenen Rezepten herrscht. Hier wird die traditionelle oder fremde Kreation nicht mehr originalgetreu vom Blatt gespielt (gekocht, gebacken), sondern uminterpretiert, neu komponiert: So entstehen eigene Werke.
Die Ergebnisse können, dürfen, sollen überraschen. Vielleicht kommt eines Tages bei Ihnen zum Beispiel ein Fischfilet mit Honig auf den Tisch? Oder ein Hähnchen, gefüllt mit (dunkler) Schokolade? Den Honigfisch könnten Sie mit Zitronengras würzen und dazu Porree-Ingwer-Gemüse reichen, eine chinesische Kombination, aber ein anderes Gemüse schmeckt wahrscheinlich auch dazu.
Das Huhn wird innen mit dunkler, geraspelter Kuvertüre-Schokolade eingerieben und dann mit vielen Kräutern, Pinienkernen und Rotwein geschmort – ungefähr so wie ein sizilianisches Wildschwein. Warum sollte das schließlich nicht auch einem Huhn gut bekommen? Alle guten Profiköche experimentieren mit ungewöhnlichen Kombinationen. So entstehen Erfindungen – nicht nur in der Küche.
Lassen wir doch einmal die kreativen Geister im eigenen Hause los. Steuern Sie einfach ein wenig die Auswahl der Zutaten, dann kann eigentlich nichts passieren.

LACHSKAUS

Kartoffeln, Lachsfilet (oder Filet von anderem Fisch), Sahne oder Milch

Jan ist der Erfinder, und der ganzen Familie schmeckt es. Zuerst werden Kartoffeln geschält und in wenig Salzwasser gekocht. Wenn sie weich gekocht sind, wird das Wasser abgegossen und durch Milch oder Sahne ersetzt. Dann kommt ein Stück rohes Lachsfilet oder ein anderes Fischfilet dazu, das nach wenigen Minuten gar ist. Mit dem Kartoffelstampfer – nicht mit dem Rührbesen oder Pürierstab – wird alles zu einem groben Brei mit Klümpchen zusammengestampft. Kann sein, dass nun noch Flüssigkeit fehlt, ein Schuss Sahne oder Milch, denn suppig schmeckt der Lachskaus besser. Pfeffern und salzen, das ist alles; wer will, nimmt Dill. Auf den Berg kommt ein Spiegelei.
Kinder-Labskaus geht übrigens ähnlich, aber mit Corned Beef und gekochter Roter Bete, die in den Brei gerieben wird. Dazu gehören ein Rollmops und ein Spiegelei.

ÜBERRASCHUNGSPAKETE

Yufka-Teig gibt es in großen, hauchdünnen Dreiecken im türkischen Supermarkt; er ist sehr leicht zu verarbeiten. Mit Wan-Tan-Blättern oder Reispapier aus dem Asia-Laden hat man manchmal Probleme. Probieren Sie es aus und vergessen Sie auch nicht tiefgefrorenen Blätterteig.
Darin können Kinder alles Essbare einpacken, was sie wollen. Bestimmt schmecken zum Beispiel:
Streifen von Frühlingszwiebeln, dazu ein bisschen gekochter Schinken oder Hähnchenfleisch und ein paar Spritzer süße Sojasauce; oder Sprossen mit Erdnussbutter; oder Orangenfilets mit gekochtem Wirsingkohl und Curry; aber auch ein Stück Schokolade und ein Birnenviertel mit ein paar gehackten Nüssen.

Stellen Sie den jungen Erfindern eine süße und eine salzige Auswahl bereit, dann kann nicht viel schief gehen.
Die dünnen Teigdreiecke werden vom breiten Ende her aufgerollt und dann in der Pfanne in Butterfett ganz kurz von beiden Seiten gebraten. Sie werden in der Pfanne sehr schnell knusprig, und dann behalten sie die Form. Im Ofen auf dem Blech gelingen sie aber auch, und das ist vielleicht weniger aufwendig.

KNUSPRIGES HEISSES EIS

Eisquadrate werden so schnell wie möglich in Frühlingsrollenteig oder Yufka-Teig gepackt und wieder eingefroren. Dann holt man sie heraus, wenn das Fett in der Pfanne bereits heiß ist, und brät sie kurz von beiden Seiten, bevor sie verputzt werden.

MALERPALETTE

Mit ein paar Tupfern Lebensmittelfarbe wird aus einem ganz gewöhnlichen Spiegelei eine interessante Malerpalette.

ROSA ESSEN

Rosa Kartoffelbrei, mit pürierter Roter Bete gefärbt, mit ein paar gebratenen Garnelen und einer rosa Sauce aus pürierter Roter Bete, mit Sahne und Meerrettich abgeschmeckt – das entzückt kühne Kinder!

IMMER-WIEDER-KUCHENTEIG

Mit Rührteig, Rezept auf Seite 97, der immer gelingt und höchst variabel ist, kann jedes Schulkind einen Kuchen backen. Schokostückchen können im Teig ebenso versinken wie eine bunte Obstmischung.

ULTIMATIVER PLÄTZCHENTEIG FÜR JEDEN TAG

Plätzchen werden aus Mürbeteig gemacht, der gut auskühlen muss, bevor er ausgerollt wird. Aus diesem Teig stechen auch Dreijährige schon begeistert Formen aus und dekorieren sie mit Zuckerguss und bunten Streuseln. Der Teig wird auch 1-2-3-Teig genannt, das ist die Eselsbrücke für das Rezept:

100 Gramm Zucker, 200 Gramm Butter, 300 Gramm Mehl
und dazu noch ein Ei

Vermischen und zerbröseln Sie alles miteinander. Dann wird eine Kugel geformt, die in Frischhaltefolie eine Stunde im Kühlschrank auskühlen muss. Danach kann man den Teig ausrollen.

SCHOKO-CROSSIES

600 Gramm Schokolade, 1 Paket Vanillezucker,
20 Gramm Kokosfett, 200 Gramm Cornflakes

Die Schokolade wird zerhackt und zusammen mit Kokosfett und Vanillezucker im Wasserbad aufgelöst. Nun hebt man die Cornflakes unter die Masse und setzt kleine Häufchen auf ein Backpapier. Wenn man sie kalt stellt, werden sie so, wie sie sein sollen.

POPCORN

Popcorn, Sonnenblumenöl, Zucker

Den Mais dazu gibt es im Supermarkt oder im Reformhaus.

Spatzi gießt Sonnenblumenöl in einen flachen Topf und bedeckt den Topfboden mit Maiskörnern – sie sollten nicht übereinander liegen.

Deckel drauf, Hitze einstellen und lauschen. Wenn die Dinger losknallen und explodieren, muss der Topf ein wenig gerüttelt werden, und dann wird nachgeschaut.

Der Topf ist randvoll gefüllt; und manchmal springen noch ein paar Körner hoch und sausen durch die Küche.
Alles kommt in eine Schale, und von Kinderhand wird Zucker darüber gestreut.

KROKANT

Sesam, gehackte Walnüsse, Haselnüsse, Mandelblättchen oder -stifte; oder Fadennudeln, zerdrückte Kekse, Schokolade oder Knusperreis, Cornflakes und Zucker

Auf dem Küchentisch wird Backpapier ausgelegt. Der Boden eines Topfes wird einen halben Zentimeter hoch mit Zucker bedeckt, ein Esslöffel Wasser dazu – und nun geben Sie Zunder.
Das ideale Gerät für die Krokantherstellung ist ein langer Holzlöffel. Mit dem soll aber niemand jetzt schon im Topf herumrühren, weil es sonst Klumpen gibt, die viel schlechter schmelzen als eine glatte Schicht.

Langsam verflüssigt sich der Zucker. Sobald er aufgelöst ist und an einigen Stellen bereits braun wird, darf mit langem Arm gerührt werden, damit sich die Bräunung gleichmäßig verteilt. Vielleicht muss der Topf auch schon runter vom Herd, denn wenn die Masse mehr als goldbraun ist, wird sie schnell bitter.

Jetzt kommt das Geraspel hurtig auf einmal in den Topf und wird schnell umgerührt. Dann wird die Masse komplett auf das Backpapier gegossen; eine neue Lage Papier darauf, und die Kinder streichen mit einer Backrolle so fest wie möglich darüber.

Die Krokantmasse kühlt schnell ab und wird hart. Dann wird sie mit dem Papier gefaltet und mit einem Brettchen zerstückelt – oder zwischen zwei Brettchen zertrampelt.

Die Krokantherstellung ist ein sensationelles, klassisches Küchenabenteuer, aber für einen Kindergeburtstag vielleicht weniger gut geeignet.

Lassen Sie kleinere Kinder dabei nicht allein hantieren und ziehen Sie Ihnen alte Socken oder Kasperpuppen über die Hände, denn der flüssige Zucker ist furchtbar heiß. Nix ablecken und probieren!

KROKANTEIS

Krokanteis zergeht nicht auf der Zunge wie gewöhnliches Eis, sondern es kracht zwischen den Zähnen. Das ist das Schöne daran.

Eine Packung Vanilleeis taut außerhalb des Kühlschranks ein wenig an, sodass gerade eben die Krokantsplitter darunter gemischt werden können; danach friert das Eis schnell wieder in der kalten Tiefe fest. Eine Stunde später kann es vernascht werden.

HEISSES EIS

3 Eiweiß, 175 Gramm Zucker, Zwieback oder Biskuit, Vanilleeis

Den Ofen auf höchste Oberhitze vorwärmen oder den Grill einschalten.
Das Eiweiß wird mit einer Prise Salz mit dem Handrührer steif geschlagen: Kinderarbeit. Dann kommt der Zucker dazu. Weiterschlagen, bis alles fest ist.
Jetzt wird der Biskuitboden oder Zwieback zerbröselt, eventuell mit etwas Sirup getränkt und dann über eine Schale mit Vanilleeis gestreut. Der Eischnee kommt locker obenauf und soll alles bedecken.
Kurz in den Ofen damit! Wenn sich die Spitzen braun färben, ist das heiße Eis fertig – her mit den Löffeln.

Rezepte für

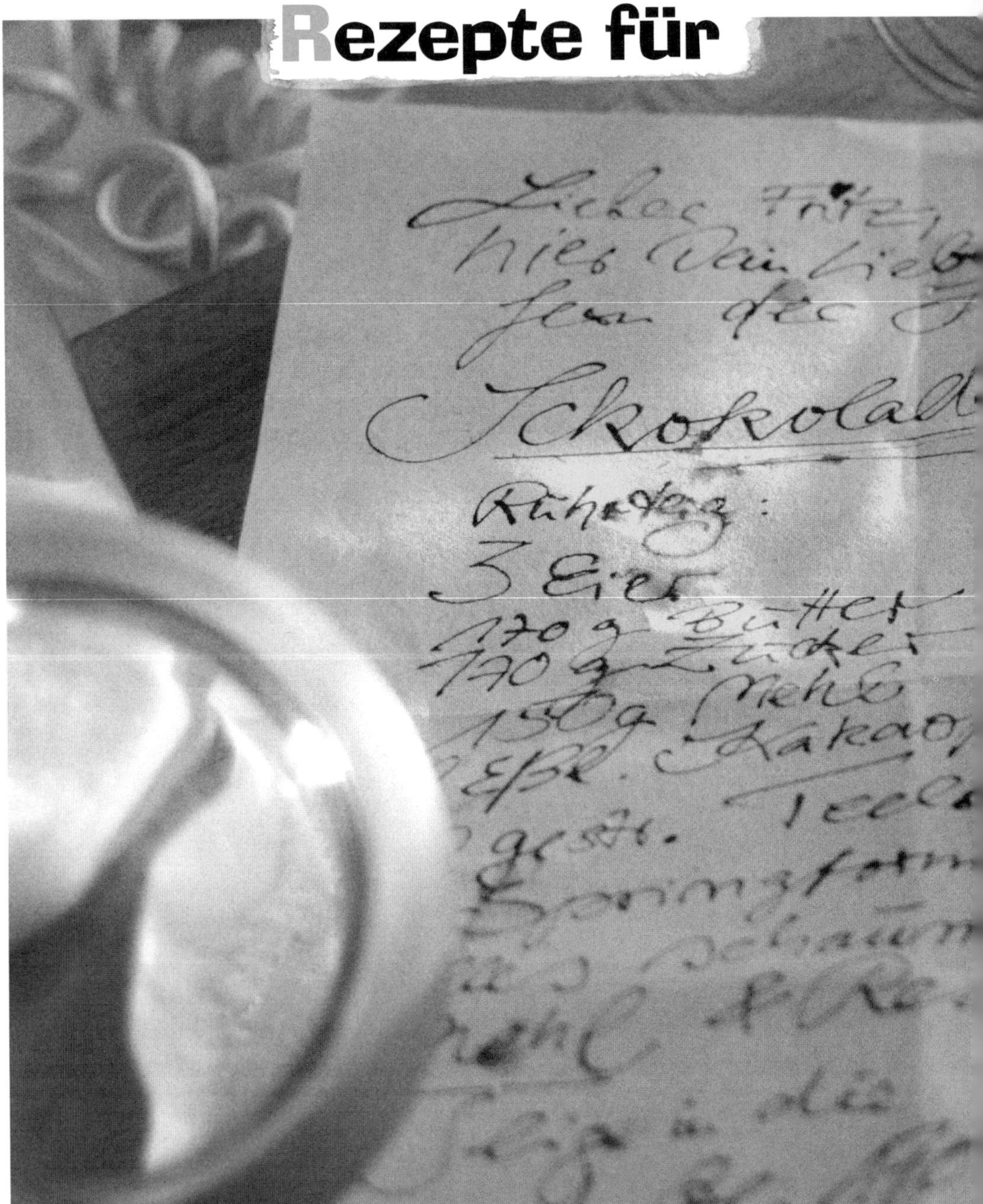

lebenslange HEIMWEH-Gerichte

Zwischen Sushi und Carpaccio denkt auch die verwöhnteste Stadtschnute mit Wehmut an die Lieblingsessen ihrer Kindheit zurück und bekommt Appetit auf gekochtes Fleisch mit Kartoffeln und einen ganzen Topf voll Meerrettichsauce. Wie geht nur die verdammte weiße Sauce? Wie hat sie noch die Königsberger Klöpse gemacht, wie das Hühnerfrikassee? Und ihre Kohlrouladen waren göttlich!
Auf den hastigen Anruf folgt prompt der Brief von Mama mit dem Rezept, diesem unbezahlbaren Schatz, bei dessen Anblick einem schon der Duft des Essens in die Nase steigt. Sicher, man findet diese Rezepte auch in Kochbüchern; aber dort stehen sie doch anders, feiner, dem Stil der Neuzeit angepasst, raffinierter und zumeist auch leichter. Das mag Ernährungsspezialisten und Starköche befriedigen, aber unsereins findet statt Schokopudding nur noch Mousse au chocolat im Inhaltsverzeichnis. Und in welchem Restaurant können Sie schon Holunderbeersuppe mit Grießklößchen bestellen?
Häufig sind es ganz einfache Rezepte, sozusagen Grundrezepte mit nur wenigen und wenig raffinierten Zutaten, nach denen unsere Mütter gekocht haben, und gerade diese Gerichte wurden und werden geliebt. Kochen wir sie doch gelegentlich und starren wir nicht verzagt auf die Edelkreationen berühmter Köche! Einige Lieblingsgerichte sollten zum häuslichen Repertoire gehören – für jeden in der Familie eins. Nicht schnell und nicht nebenbei gekocht, sondern auf Wunsch, zur Belohnung, aus Liebe.

KARTOFFELPUFFER MIT APFELKOMPOTT (ODER REIBERDATSCHI)

Nun gut, es spritzt sehr beim Braten, die Küche wird fettig und die Köchin muss sich hinterher die Haare waschen; aber es ist ein unvergleichlich gutes Mahl.
Kartoffeln wurden früher in langer Arbeit gerieben, wobei die Fingerknöchel heftig litten. Heute erledigt das die Küchenmaschine, und damit ist dieses Essen wenigstens um einiges schneller geworden.
Rohe, geschälte Kartoffeln (von der weich kochenden Sorte) werden elektrisch gerieben, und eine Zwiebel flitzt gleich hinterher. Dann fehlt nur noch etwas Salz am Kartoffelteig.
Am besten backt man mit Butterfett und in zwei oder sogar drei Pfannen gleichzeitig; denn wenn die Kartoffelpuffer ganz frisch und knusprig auf den Tisch kommen, schmecken sie am besten. Allerdings muss die Köchin dann auf Schichtwechsel am Herd bestehen, sonst bekommt sie selbst nichts ab, weil sie ständig für Nachschub sorgen muss.
An diese Puffer reicht kein Tiefkühlprodukt heran. Wo der Rekord heute liegt, ist nicht bekannt, aber zehn verputzte Puffer pro Nase sind durchaus schon beobachtet worden.
Dazu gibt es Apfelkompott.

ZUM FINGERLECKEN: GESCHMORTER OCHSENSCHWANZ

1 Ochsenschwanz, zwischen den Gelenken zerteilt, 1 Bund Suppengemüse, grob zerschnitten, 1 Dose gehackte Tomaten, Knoblauchzehen, Lorbeerblatt, ganze Pfefferkörner, Salz, Rotwein

Die Ochsenschwanzstücke werden in einem Schmortopf in Butterfett scharf angebraten. Dann folgt das Gemüse in den Topf und alle Kräuter, Pfeffer und Salz, und wenn das ordentlich brutzelt und braun wird, gießen Sie die Tomaten dazu und eine halbe oder ganze Flasche Rotwein, wie Sie wollen – Wasser ist auch vertretbar; Hauptsache, alles ist knapp bedeckt.

Deckel drauf, Hitze herunterschalten und nicht mehr darum kümmern.

Nach zwei Stunden können Sie prüfen, ob das Fleisch gar ist: Es muss fast von selbst vom Knochen fallen, erst dann ist es gut. Nehmen Sie die Stücke heraus und halten Sie Ihren Pürierstab in den Topf – schon ist die Sauce fertig. Sahne, Gewürze oder Saucenbinder sind gar nicht mehr nötig.

Dazu gehört Fladenbrot oder Baguette. Das lockere Fleisch von den Knochen abzuzuzeln ist eine Wonne.

HÜHNER-CURRY MIT REIS: ZUM SEUFZEN

Gehäutete Hühnerteile, 2 fein gehackte Zwiebeln, 3 zerdrückte Knoblauchzehen 1 Esslöffel fein gehackter Ingwer, 2 Esslöffel Madras-Curry, 1 kleine Dose Tomaten, Sahne, Mandelblättchen

Erhitzen Sie Öl in einer Pfanne. Dann kommen die Zwiebelstückchen, der Knoblauch und der Ingwer hinein. Das alles darf ein paar Minuten dünsten, dann folgen die Tomaten mitsamt dem Saft und die Hühnerteile.

Das Gericht kann jetzt etwa 45 Minuten lang bei niedriger Hitze köcheln, bis das Fleisch ganz durchgegart ist. (Wenn Sie bereits gekochte Hühnerteile verwenden, ist das Gericht sehr fix fertig.) Falls etwas am Boden ansetzt, gießen Sie Wasser nach. Ganz zum Schluss folgen noch ein Schuss Sahne und die Mandelblättchen.

Probieren Sie auch einmal, ein paar Esslöffel Joghurt an die Sauce zu geben (die dann allerdings nicht mehr kochen sollte). Die Hälfte der Tomaten können Sie auch durch Zucchinistifte ersetzen, und Mango oder Bananenstückchen schmecken ebenfalls gut. Hierzu gibt es Reis.

UNVERGESSEN: KOHLROULADE MIT KARTOFFELBREI

1 Weißkohl, 250 Gramm gemischtes Hack, 1 Zwiebel, 1 Ei, 1 eingeweichtes Brötchen, Pfeffer, Salz, durchwachsener Speck, Tomatenmark, Schlagsahne

Wenn sie bloß nicht so viel Arbeit machen würden!

Die Kohlblätter werden vorsichtig abgelöst, in kochendem Wasser drei Minuten blanchiert und dann auf einem Küchenhandtuch ausgebreitet. Eventuell den Mittelstrunk herauslösen.

Aus Fleisch, ausgedrücktem Brötchen, fein gehackter Zwiebel, Ei und Kohlresten wird die Füllung hergestellt und mit Pfeffer und Salz kräftig gewürzt. Die Kohlblätter werden mit der Fülle belegt, gerollt und dabei an den Seiten eingeschlagen, sodass adrette Päckchen oder Rollen entstehen. Wenn die Blätter zu klein werden, legen Sie zwei zusammen.

Am besten werden die Rouladen mit Küchengarn oder weißem Zwirn umwunden – das macht später Spaß, wenn die Roulade am Faden gehalten wird und sich tanzend und spritzend entfädelt. Also lassen Sie es bei zwei, drei Fadenumwicklungen pro Roulade bewenden, sonst haben Sie nach dem Essen auch noch zwei Maschinen Buntes zu waschen.

Die fertig gerollten Rouladen werden in Butterfett von allen Seiten angebraten; wer mag, gibt noch fein gewürfelten durchwachsenen Speck und einen Streifen Toma-

tenmark aus der Tube dazu. Wenn sie rundherum braun angebraten sind, gießt man Wasser dazu und schmort sie in ungefähr einer Dreiviertelstunde gar.
Dann schmecken Sie die Sauce ab und fügen einen Schuss Sahne hinzu. Sie können Sie auch ein wenig abbinden, mit pflanzlichem Saucenbinder oder mit einem Stückchen Mehlbutter (halb und halb).
Dazu kommt ein Berg Kartoffelbrei auf den Tisch, mit viel Milch und Butter gestampft und mit Salz und Muskat abgeschmeckt.

HIMMEL UND ERDE: HIMMLISCH

Weich kochende Kartoffeln, Milch, Butter, säuerliche Äpfel (Boskop), Zimt, Zucker, Zitronensaft

Die geschälten und gekochten Kartoffeln werden abgegossen und mit Milch, Salz und Butter zu einem lockeren Brei gestampft. Finger weg vom Pürierstab!
Schälen Sie auch die Äpfel und schneiden Sie das Kerngehäuse weg. Die Äpfel werden in grobe Stücke geschnitten und in wenig Wasser gedünstet. Ein bisschen Zucker, ein bisschen Zimt, vielleicht ein bisschen Zitrone, und wer mag, lässt es und kauft Apfelkompott – nicht Apfelmus – im Glas.
Der Kartoffelbrei wird locker mit Apfelkompott gemischt. (In Mecklenburg bereitet man das Gericht übrigens mit Birnenmus zu.)
Dazu gibt es Blutwurst oder Grützwurst oder Bratwurst, in Scheiben geschnitten und in Butterfett gebraten.

SAUCEN: ÜBER ALLES GELIEBT

Die weiße Sauce wird auch Velouté, Samtsauce, Einbrenne oder Mehlschwitze genannt.

Manchmal wird sie erst nachträglich gebunden, mit Mehlbutter; mal verwendet man für die Bindung Brot; im Prinzip aber ist es immer die gleiche Sauce, die am Anfang vieler Lieblingsessen steht und dann variiert wird.

1 Esslöffel Butter, 1 Esslöffel Mehl, 1/2 Liter Kalbsfond oder Brühe (Fertigprodukt) oder Milch

Die Butter wird geschmolzen und aufgeschäumt, das Mehl in die schäumende Butter gerührt. Dann rühren Sie kalten Fond, Brühe, Kochwasser vom Gemüse oder Milch dazu und lassen die Sauce durchkochen, während Ihr Schneebesen darin wirbelt. Wenn sie Ihnen dennoch klumpig geraten ist, fangen Sie am besten von vorne an. Aber Sie können die Sauce auch durch ein Sieb laufen lassen, dann bleiben die Klümpchen zurück.

Selten bleibt diese Grundsauce, wie sie ist. Häufig kommt noch eine Legierung dazu, bestehend aus 1 Eigelb, mit etwas kaltem Wasser verrührt (nachdem das Eigelb zugegeben wurde, darf die Sauce nicht mehr kochen), oder Weißwein, Zitronensaft; eventuell Sahne, dann wird die Sauce sehr gehaltvoll; und natürlich Pfeffer und Salz.

Man kann sie auch anders zubereiten: Brühe und Sahne werden mit entrindetem Weißbrot gebunden, das in der Brühe verkocht und mit dem Schneebesen verrührt wird, bis es sich vollkommen aufgelöst hat. So hat man bei größeren Mengen die Konsistenz gut unter Kontrolle und spart Fett.

VARIATIONEN

Mit Kalbsfond kann daraus eine **Kräutersauce** werden (mit Zitronensaft, Schnittlauch, Kerbel, Petersilie);
mit Zitrone, Zucker, Senf eine **Senfsauce**; mit frisch geriebenem Meerrettich und Zitrone eine **Meerrettichsauce**; mit geriebenem Greyerzer oder ande-

rem Hartkäse eine **Sauce Mornay** oder mit Kapern, Zitronensaft oder Wein eine **Kapernsauce**, mit Fischfond kann daraus eine **Dillsauce** oder eine **Estragonsauce** werden; mit Milch wird die Velouté zur **Bechamelsauce** für leckere Kartoffeln (mit und ohne Kräuter); mit Hummerbutter, Zitrone, Lachskaviar zur fixen **Hummersauce**.

HÜHNERFRIKASSEE

Ein gekochtes Huhn (siehe Seite 44) wird von Haut und Knochen befreit und in mundgerechte Stücke geschnitten. Mit der Hühnerbrühe bereiten Sie eine weiße Sauce zu, die mit Zitronensaft, ein bisschen Schlagsahne, Pfeffer und Salz abgeschmeckt wird; ein kleiner Schuss Weißwein passt natürlich auch und wird den Kindern nicht schaden.

In ein Hühnerfrikassee gehört weißer Spargel, der nebenbei gekocht und dann in Stücke geschnitten wird; aber manche Kinder mögen keinen Spargel. In diesem Fall können Sie auch Champignons oder Karotten nehmen, in feine Scheibchen geschnitten und getrennt gegart; tiefgekühlte Erbsen passen immer.

Oder Sie gießen das feine Frikassee ganz ohne Gemüse in einen kleinen Reisrand.

KÖNIGSBERGER KLOPSE

400 Gramm gemischtes Hack, 1 Zwiebel, 1 Ei, 1 Lorbeerblatt, ein eingeweichtes, ausgedrücktes Brötchen, Salz, Pfeffer

Setzen Sie einen Topf mit 1 Liter gesalzenem Wasser auf; ein Lorbeerblatt sollte darin nicht fehlen.

Die Zutaten werden miteinander vermengt; dann formen Sie mit den Händen kleine Klöße, die Sie in das siedende Wasser gleiten lassen.

Bei schwacher Hitze ziehen die Klöße, wenn sie etwa Golfballgröße haben, in 15 bis 20 Minuten gar.
Dann nehmen Sie die Klöße heraus und bereiten mit der Brühe nach dem Rezept auf Seite 148 viel weiße Sauce zu, die mit Salz, Pfeffer, Muskat, einem Spritzer Zitronensaft, 1 Eigelb, 2 Esslöffel Schlagsahne durchgerührt wird. Fehlen nur noch Kapern – so viel Sie mögen. Und vielleicht noch einen kleinen Schluck Weißwein dazu?
Königsberger Klopse schmecken köstlich mit schlichten Salzkartoffeln, die von allen begeistert in die Sauce gedrückt werden.

SONNTAGSESSEN: RINDFLEISCH MIT MEERRETTICHSAUCE

Am schönsten wird das Essen mit Tafelspitz, dem besonders zarten Suppenfleisch vom Rind. Es wird in kaltem Wasser aufgesetzt und einmal aufgekocht; dann gießen Sie das ganze Wasser weg und setzen das Fleisch mit frischem Wasser erneut auf.
Nun kommen Suppengemüse, Pfefferkörner, Lorbeerblatt, eine mit Nelken gespickte Zwiebel, Muskat und Salz dazu; sobald das Wasser kocht, schalten Sie die Temperatur sofort herunter, dann kann das Stück Fleisch 2 bis 3 Stunden leise sieden – kochen darf es nicht.
Am Schluss hat sich eine sehr kräftige Brühe ergeben, mit der Sie die weiße Sauce zubereiten (siehe Seite 148). Einen ganzen Liter brauchen Sie davon insgesamt bestimmt, denn die Meerrettichsauce ist ein Genuss.
Nehmen Sie dazu frischen Meerrettich, wenn Sie ihn bekommen, dann können Sie beim Reiben mit Ihren Kindern lachen und heulen.
Wenn Sie noch Brühe übrig haben, servieren Sie die (höchstens 1 cm dick) ge-

schnittenen Fleischscheiben in der Brühe; und sollte Fleisch übrig bleiben, erwärmen Sie es später auch wieder in der Brühe.
Zum Tafelspitz gibt es Salzkartoffeln.

BRATAPFEL MIT VANILLESAUCE

Der winterliche deutsche Boskop ist ein besonders guter Bratapfel, säuerlich und mürbe. Mit einem speziellen Gerät lässt sich das Kerngehäuse leicht herausstechen.
Diesen fingerdicken Tunnel können Sie mit Rohmarzipan füllen, in das Sie gehackte Nüsse, gehackte Rosinen und gehackte Dörrpflaumen hineinkneten, auch ein Schlückchen Rum und etwas geriebenen Zwieback; aber wenn Sie nur ein paar Nüssli oder etwas Marmelade haben, reicht das auch. Schließlich gibt es noch viel Vanillesauce dazu – «Familiensauce», wie kleine Kinder sie oft ganz richtig nennen.
Stechen Sie den Apfel rundherum mit einer Gabel ein, damit er nicht völlig unkontrolliert aus seiner Haut fährt, sondern nur leise zischend und knisternd einreißt. Nach 20 Minuten ist er bei mittlerer Hitze wahrscheinlich gar und innen weich. Stechen Sie zur Probe tief hinein.

VANILLESAUCE

Eine richtig gute Vanillesauce ist nicht zu süß und nicht zu gelb. Sie macht zwar etwas Arbeit, aber keine schwere.
Setzen Sie einen Topf mit Wasser auf und geben Sie in eine Metallschüssel 8 Eigelb und drei Hand voll Zucker (100 Gramm). Die Eier-Zucker-Mischung wird mit einem Rührgerät in der Schüssel hellgelb und schaumig geschlagen.

In einem anderen Topf köchelt derweil 1/2 Liter Milch mit 1/2 Liter Schlagsahne und 1 ausgekratzten Stange Vanille oder dunklem Vanillepulver leicht vor sich hin. Dann stellen Sie die Metallschüssel mit der Eiermischung ins Wasserbad, entfernen die Vanillestange aus der Milch und gießen diese sofort in sanftem Strahl zur Eiermasse, während ein Helferlein das Rührgerät schnurren lässt.
Gerührt wird so lange, bis die Sauce dick ist – und fertig ist ein ganzer Liter warmer Sauce, die aber die Familie auch gut gekühlt beglückt, ob sie nun über einen Bratapfel, über frisches Obst, Kompott, Eis, Pudding oder alkoholisierte Früchte gegossen wird.

ZUM NIEDERKNIEN: KÄSEKUCHEN

Wer Käsekuchen noch aus früheren Zeiten von zu Hause kennt, kann sich glücklich schätzen. Manchmal besser, manchmal weniger gelungen; obenauf braun, manchmal auch ein wenig zu dunkelbraun, in der Mitte etwas eingefallen; innen sagenhaft saftig und bröckelig zugleich, mit Rosinen. Für diesen Käsekuchen, für den man früher noch geheiratet wurde, wenn er gelang, findet man in modernen Kochbüchern und Zeitschriften kein Rezept mehr.

Warum? Weil er leider nicht immer perfekt aussieht, weder von oben noch im Anschnitt. Für die anspruchsvolle Food-Fotografie muss der Kuchen goldgelb mit glatter Schnittfläche sein und obenauf hellbraun. Der Text dazu lautet: *So gelingt der Käsekuchen immer*.

Damit er immer gelingt, wird die Füllung immer mit Mehl, Speisestärke, Grieß oder mit Vanillepudding gebunden. Aber es wird eben ein Kuchen, dem die herbe Frische fehlt, das Feuchte. Der neumodische Käsekuchen ist süßer und bindet immer etwas am Gaumen ab.

Hier ist das Rezept von Tante Ise:

MÜRBETEIG

50 Gramm Zucker, 100 Gramm Butter, 150 Gramm Mehl, 1 Eigelb

Alles sehr schnell miteinander verkneten und als Kugel in Folie verpackt mindestens 1 Stunde kalt stellen. Inzwischen die Füllung vorbereiten.

QUARKFÜLLUNG

500 Gramm Magerquark, 120 Gramm Zucker, 4 Eier (Eiweiß steif schlagen, Eigelb verquirlen), 1 ausgekratzte Vanillestange oder -pulver, eine Prise gemahlener Zimt, 50 Gramm zerlassene Butter, 60 Gramm Sultaninen oder Rosinen

Der Quark wurde bei Tante Ise nicht durch ein Sieb gestrichen, das tat sie nur, wenn sie Schichtkäse nahm, sondern hurtig und heftig mit Zucker, den verquirlten Eigelben, Zimt und Vanille vermischt. Dann das steif geschlagene Eiweiß und 1 bis 2 Hand voll Rosinen locker unter die Masse heben.

Nun wird der Mürbeteig ganz dünn mithilfe von Mehl ausgerollt, so groß, dass er den Boden der Form bedeckt und auch fast ganz den Rand.
Der Quarkschaum wird hineingegossen und glatt gestrichen, und jetzt kann der Kuchen in den Ofen, wo er bei 175 Grad in etwa 60 Minuten fertig ist. Er wird nach der Hälfte der Backzeit rundherum 2 cm vom Rand entfernt mit einem Messer leicht eingeschnitten und dann fertig gebacken.
Wenn er fertig ist, lösen Sie die äußere Springform und lassen die Torte 2 Stunden lang auskühlen. Vielleicht hat sie ein paar Macken, ist etwas eingefallen, etwas zu dunkel und ungleichmäßig und bröckelt beim Anschnitt etwas; drum muss der Fotograf leider draußen bleiben.

ECHT: SCHOKOLADENPUDDING

Der Richtige, der einzig Wahre, der beim Essen mit Geräusch durch alle Zahnlücken gezogen wird, ist ganz einfach herzustellen.
Erhitzen Sie halb Milch, halb Sahne mit Zucker im Topf. Raspeln Sie dunkle Schokolade hinein oder nehmen Sie richtigen Kakao. So viel, bis Färbung und Geschmack stimmen. Diese Kakaomilch wird mit Mondamin angedickt. Für einen Liter Flüssigkeit braucht man etwa 100 Gramm. Rühren Sie das Pulver mit wenig kalter Milch an und geben Sie es zu der heißen Flüssigkeit, wo es eine Minute mitkocht.
Nun gießen Sie den Schokopudding in eine Schüssel, in der er abkühlen kann. Die Haut, die sich bildet, verrät jeden diebischen Kinderfinger. Früher wurde der Pudding häufig in einer gefetteten Fischform abgekühlt und dann gestürzt.

REgiSTER

iSTER

Den kleinen Feinschmeckern und Schlemmern,
den gnadenlosen Küchenkritikern, den mutigen
Allesfressern, besonders Max,
aber auch Alex, Anna Lena, Benny, Edi, Kiwi,
Marcus, Marita, Rafael, Tobi, Jorma und all den anderen zuliebe,
die schon die Füße auf und unter unseren Tisch
gestreckt haben.

Gisela Krahl,
Autorin und Lektorin,
lebt mit ihrer Familie in Hamburg.
Sie kocht von Zeit zu Zeit als Beiköchin
zusammen mit Köchen internationaler
Herkunft in renommierten Hamburger Restaurants.
Ihr «Schlampen-Kochbuch» (Wunderlich Verlag 1998)
und «Frech auf den Tisch» (Wunderlich Verlag 1999)
wurden auf Anhieb zu Bestsellern.
Außerdem erschienen im Wunderlich Verlag
«Wonnestunden» und im Rowohlt Taschenbuch
Verlag die Reihe «Schönes Leben»
(rororo 60190–60195).

Schokola
Rührteig:
3 Eier